KB125346

청년 창업자를 위한 알기 쉬운 **원가관리**

노영래 지음

청년 창업자를 위한
알기 쉬운 원가관리

초판 1쇄 발행 2022년 12월 1일

지 은 이   노영래
발 행 인   권선복
디 자 인   서보미
편   집   한영미
전 자 책   서보미
발 행 처   도서출판 행복에너지
출판등록   제315-2011-000035호
주   소   (157-010) 서울특별시 강서구 화곡로 232
전   화   0505-613-6133
팩   스   0303-0799-1560
홈페이지   www.happybook.or.kr
이 메 일   ksbdata@daum.net

값 20,000원
ISBN 979-11-92486-30-7 (13320)

Copyright ⓒ 노영래, 2022

SOLD BY	CASH	C.O.D.	CHARGE	ON ACCT.	MDSE. RETD.	PAID OUT

청년
창업자를
위한
알기 쉬운
원가관리

노영래 지음

창업의 성공 솔루션! 사업 성공의 비밀열쇠

막막하기만 한 창업 경영, 원가를 알면 길이 보인다!

도서
출판 행복에너지

우리나라는 세계에서 유례를 찾아볼 수 없는 경제성장을
거듭하여 현재 세계 10위권 수준의 선진국으로 도약하였으며,
많은 국가들의 부러움의 대상이 되고 있다. 우리의 성공에는
근면성실한 국민과 훌륭한 리더 등 다양한 성공요인이 기여를
하였다. 그러나 무에서 유를 창조한 기업가정신이 무엇보다도
중요했다고 생각한다. 우리의 지속 성장도 꿈과 희망을 갖고
미래 변화를 주도해나가는 스타트업과 중소기업에 달려 있다고
본다.

기업가는 기업을 경영하면서 무수히 많은 문제를 마주치게
마련이다. 그러나 문제 해결을 위해서 무엇보다도 중요한 일은
경영의 실상을 정확하게 파악하는 것이다. 이를 위해서 회계는
기업가가 알아야 할 가장 기본적인 지식이다. 이번에 출판되는
『청년 창업자를 위한 알기 쉬운 원가관리』는 창업 경영자들을

위해 저술되었다. 기업을 새롭게 시작하는 창업자들에게
실질적인 도움이 되는 기본 내용이 담겨져 있는 회계학 서적이
출판되었다는 것은 희소식이 아닐 수 없다.

  서점에 가면 많은 회계학 서적이 있다. 그러나 대부분의 서적들
은 회계전문직을 양성하기 위해서나 기업의 재무정보를 이용
하는 외부 수요자의 니즈를 충족하기 위한 것들이다. 또한 실제
기업경영에서 기업내부 정보를 어떻게 생산하여 활용할 것인가에
대한 것들도 시스템이 잘 갖추어진 대기업의 관점에서 다루어졌다.
정작 사업을 시작하는 창업자를 위한 책은 찾아보기 어려웠다.

  이 책은 회계학 지식이 없는 창업자도 쉽게 이해할 수 있도록
원가의 개념에서부터 활용에 이르는 내용을 자세히 설명하고 있다.
창업자들에게 사업성공을 위한 올바른 의사결정의 단서(端緖)
를 제공하고 있기도 하다. 미래의 큰 꿈을 이루기 위해 고군분투
하고 있는 청년 창업자는 물론이고 이미 창업을 하여 사업을
크게 성장시키고자 하는 기업가들에게도 이 책을 일독해보기를
권한다.

2022년 10월 15일
서울대학교 명예교수
곽수근

우리나라에서는 매년 140만 개 이상의 기업이 새로 창업하고 있다. 이 중 청년 창업기업은 50만 개가 넘고 그 창업하는 숫자도 매년 증가하는 추세이다.

중소벤처기업부에서 창업 동기를 조사한 결과를 보면 '더 큰 경제적 수입을 위해서' 창업하는 경우가 가장 많았으며, 그다음은 '적성에 맞아서', '경제사회 발전에 이바지하기 위해서', '취업난 등으로', '자유롭게 일할 수 있어서', '기발한 사업아이디어의 사업화를 위해서' 등의 순으로 나타났다.

대부분 자유롭게 일하면서 보다 많은 수입을 얻고, 새로운 아이디어의 사업화를 통해 국가경제와 사회발전에 기여하기 위하여 신규 창업을 하고 있는 것이다.

이러한 신규 창업은 그리 쉬운 일이 아니다. 아무리 좋고 기발한 아이디어가 있어도 이를 사업화하기는 쉽지 않다. 사업계획의 수립과 집행, 자금 마련, 시장 개척, 수익성 확보, 인력 채용 등 신규 창업을 위해 준비해야 할 것들이 수없이 많다.

신규 창업자 특히 청년 창업자는 이러한 창업과 관련된 지식과 경험이 부족하여 대부분 상당한 어려움을 겪는다. 이에 중앙정부는 물론 지방자치단체 등에서 사업계획 수립, 자금 및 교육 지원 등 신규 창업자를 위한 다양한 지원 노력을 강화해 나가고 있다.

그런데 신규 창업을 하는 것보다 더 중요하고 어려운 것은 창업하여 성공하는 것이다. 어렵게 창업을 하였는데 성공으로 이어지는 경우는 생각보다 많지 않다.

그렇다면 외부 전문가의 조언 등을 받아 힘겹게 창업하였는데도 성공에 이르지 못하는 이유는 무엇일까?

창업이 성공에 이르지 못하는 이유는 무수히 많을 것이다. 그 많은 이유들의 내용을 분석해 보면 "창업에 따른 수많은 의사결정을 할 때 반드시 고려하여야 하는 핵심을 놓쳤기 때문"이라고 정리할 수 있다.

그 핵심은 선택할 수 있는 대안들의 비용과 수익, 즉 비용-효익을 분석한 다음, 이를 토대로 최적의 대안을 선택하는 의사결정을 하여야 한다는 점이다.

신규 창업의 경우 사람, 자금, 기술 등 가용할 수 있는 자원이 매우 제한되어 있다. 이러한 상황에서 보유 자원을 가장 효율적으로 사용하여 원하는 수익성과 성장성을 이뤄내야 한다.

어떤 제품과 서비스를 제공할 것인가? 제품 및 서비스의 가격을 어떻게 결정할 것인가? 제품 및 서비스 시장이 예상과 다를 경우 어떻게 대응할 것인가? 등에 대한 의사결정 하나하나는 기업의 수익성과 성장성에 결정적 영향을 미칠 수 있다.

그럼에도 창업자가 이러한 점을 충분히 이해하지 못하거나, 충분한 분석과 검토 없이 의사결정을 하는 경우가 많은 것이다.

이에 창업자는 이러한 내용을 충분히 이해하고 있는가, 이해하고 있더라도 의사결정에 앞서 선택할 수 있는 대안들의 원가와 수익성을 올바르게 그리고 정확하게 분석하고 검토하고 있는가를 곰곰이 생각해 볼 필요성이 있다.

왜냐하면 원가관리에 대한 개념을 알고 있어 의사결정에 앞서 비용-효과를 한 번만이라도 제대로 검토해 볼 수 있다면 훨씬 나은 선택을 할 가능성이 높아질 것이기 때문이다. 이러한 비용-효과 분석 능력은 성공하는 창업자가 갖추어야 할 필요 요건이라 할 수 있다.

창업자가 비용-효과 분석에 근거하여 의사결정을 하기 위해서는 원가에 대한 기본 지식과 함께 올바른 원가의식(cost mind)을 가질 필요성이 있다. 여기서 한 걸음 더 나아가 의사결정을 할 때 원가 정보를 어떻게 활용할 수 있는지를 알게 되면 훨씬 나은 의사결정을 할 수 있는 능력을 갖추게 된다.

이 책은 신규 창업자, 특히 청년 창업자가 원가의식을 갖고 창업계획을 수립하고 투자에 대한 올바른 의사결정을 할 수 있도록 도움을 주기 위해 저술하였다. 많은 창업자들이 경영학이나 회계학을 전공하지 않은 현실을 감안하여, 누구나 쉽게 이해할 수 있도록 설명하려고 노력하였다.

주요 내용은 창업자가 창업과 관련한 사업계획 수립 및 상품 판매가격 결정 등은 물론 창업 이후의 사업 운영과 사업 확장 또는 축소 등과 같은 의사결정을 올바로 하는 데 도움이 되는 내용을 담고 있다.

이와 더불어 원가의 기본개념에서부터 관련원가의 활용방법 등을 쉽게 이해할 수 있도록 예시 사례를 들어 설명하였다. 신규 창업자 홍길동이 요식업 창업 과정에서 마주치는 어려움들을 어떻게 해결할 수 있는지를 살펴봄으로써 신규 창업자가 사업계획 수립과 경영의사결정 방법 등을 자연스럽게 알 수 있도록 하였다.

신규 창업은 모든 산업부문에서 이루어지고 있다. 이 책은 이해의 도움을 주기 위해 요식업 창업 사례를 활용하고 있으나,

이 책에서 설명하고 있는 원가계산, 원가관리 및 원가정보의 활용방법 등은 제조업, IT개발, 서비스업 등 모든 산업부문의 창업자들이 창업 과정과 창업 이후 사업운영과 관련하여 반드시 알아 두어야 하는 내용들이다.

이 책은 전체 내용을 처음부터 차례로 읽을 필요는 없다. 목차를 통해 전체 내용이 어떻게 구성되어 있는지를 파악한 다음, 관심 있는 주제를 선택하여 읽어도 된다. 그리고 각 주제별로 핵심 내용에 해당하는 부분은 **굵은 글씨**로 나타내었다. 시간이 없을 경우 굵은 글씨로 표시된 핵심 내용을 중심으로 먼저 읽고, 세부사항은 시간을 두고 자세히 읽어도 된다.

마지막으로 이 책이 신규 창업자와 예비 창업자의 창업과 사업 성공에 조금이나마 도움이 될 수 있기를 기대해 본다.

2022년 10월

노영래

CONTENTS

추천사 • 004
프롤로그 • 006

Part 1

창업과 원가관리

1. 사업계획서

사업계획서의 주요 내용 • 020
사업계획서의 작성 목적 • 024
사업계획서를 작성할 때 유의할 사항 • 025

2. 창업자와 원가관리 • 028

Part 2

원가의 개념과 범위

1. 원가란 무엇인가 • 035

2. 다양한 원가 용어

제조원가, 매입원가, 판매관리비, 총원가 • 037
고정원가, 변동원가, 혼합원가 • 042
직접원가, 간접원가 • 045
관련원가, 매몰원가, 기회원가 • 048
통제가능원가, 통제불가능원가 • 052

Part 3 ⟩

제조원가의 계산

1. 제조원가의 개념

홍길동 분식점 사례	• 061
재료원가	• 062
홍길동 분식점 사례	• 064
노무원가	• 065
홍길동 분식점 사례	• 067
제조경비	• 068
홍길동 분식점 사례	• 069

2. 제조원가의 계산 방법

직접원가와 간접원가를 구분하라	• 070
직접원가와 간접원가는 원가계산 방법이 다르다	• 077
홍길동 분식점 사례	• 079
제조간접원가는 각 제품에 어떻게 배부하는가	• 085
홍길동 분식점 사례	• 087

3. 제조원가의 계산 주기   • 088

Part 4 ‧

판매가격 결정과 수익성 분석

1. 판매가격의 결정 방법

수요는 가격에 반비례한다	• 093
시장 형태에 따라 가격결정 방식이 다르다	• 096
생산판매량이 증가하면 제품 1단위의 총원가는 줄어든다	• 098
총원가를 기준으로 판매가격을 결정한다	• 100
제품 판매가격 결정	• 101
홍길동 분식점 사례	• 102

2. 판매가격에 따른 기대이익 분석

생산판매량을 알면 이익 발생 여부를 알 수 있다	• 106
손익분기점이란	• 110
홍길동 분식점 사례	• 111
판매량이 증가할 때 이익은 얼마나 늘어나는가	• 117
홍길동 분식점 사례	• 121
목표이익을 달성하려면 얼마나 판매하여야 하는가	• 122
홍길동 분식점 사례	• 124

3. 이익 달성의 안전성 판단

안전한계는 이익 달성의 안전성을 알려준다	• 128
홍길동 분식점 사례	• 129
안전한계를 높이는 방법이 있다	• 130

Part 5 ·

제품 생산판매 중단, 신제품 도입, 시설투자 등에 대한 의사결정

1. 제품 생산판매 중단에 대한 의사결정

생산판매의 중단에도 절감하지 못하는 원가가 있다 • 137
생산판매의 중단이 유리한지는 어떻게 알 수 있는가 • 138
| 공헌이익을 체크하라
| 절감 가능한 고정원가를 확인하라
| 다른 제품과의 연관성을 확인하라
| 증분접근법을 사용하라
홍길동 분식점 사례 • 148

2. 신제품 도입에 대한 의사결정

신제품의 시장 특성 등을 고려한 매출 전망 • 157
증분손익이 중요하다 • 158
신제품 도입 여부에 대한 판단 • 161
홍길동 분식점 사례 • 162

3. 시설투자에 대한 의사결정

시설투자는 레버리지 효과(leverage effect)를 발생시킨다 • 168
시설투자의 수익성 판단 • 170
시설투자 여부는 시장 상황에 따라 다르다 • 172
홍길동 분식점 사례 • 174

Part 6 ·

표준원가제도와 예산제도

1. 표준원가제도

표준원가의 개념과 유용성 • 180

표준원가의 설정기준 • 183

표준원가의 설정방법 • 185

표준원가의 활용 : 차이분석 • 192

홍길동 분식점 사례 • 199

2. 예산제도

예산의 개념 • 204

예산의 기능 • 206

예산의 유형 • 208

종합예산의 편성 • 211

홍길동 분식점 사례 • 217

부록

1. 창업 전 반드시 고려해야 할 7가지 • 228

2. 정부의 창업지원사업과 창업기업에 대한 실태조사 결과 • 231

출간후기 • 237

Part 1

창업과
원가관리

CHECK!

홍길동은 분식점 창업을 준비하고 있다. 그런데 창업을 준비하는 데
필요한 사항이 너무나 많다. 어떤 사항을 무엇부터 준비해 나가야
할지 막막하기만 하다. 이에 홍길동은 지자체가 운영하는 창업지원
센터를 방문하여 도움을 받고 있다.

홍길동이 창업 준비를 제대로 하여 실수를 줄이는 방법은 무엇일
까? 그리고 어떻게 하면 사업 성공의 가능성을 높일 수 있을까?

Part 1에서는 신규 창업에서 가장 중요한 사업계획서에 대한 주요
내용과 창업자에게 원가관리에 대한 이해가 왜 중요한지에 대해 살
펴본다.

1

사업계획서

　신규 창업자 및 예비 창업자가 창업하기 위해서 확인하고 준비해야 하는 것들이 무수히 많다. 자신의 사업 아이템 또는 아이디어를 어떻게 사업으로 구체화하고, 이를 어떠한 사업장에서 어떤 규모로 시작할 것인지를 결정해야 한다. 시장을 분석하여 목표 시장도 정해야 하고 판매가격의 결정과 예상 판매량도 추정해 보아야 한다. 사업장도 구해야 하고 직원도 채용하고 교육해야 한다. 생산 및 판매 그리고 마케팅 등을 어떻게 할지도 결정해야 한다. 자금이 얼마나 필요하고 어떻게 조달할지도 결정해야 한다.

　이와 같이 창업자가 창업에 앞서 확인하고 준비해야 할 것들이 많음에도 불구하고, 이에 대한 구체적인 계획 없이 자신의 능력과 감(feeling)을 믿고 주먹구구식으로 사업을 시작하는 사례가 예상보다 많다.

창업자는 자신의 자금, 기술 또는 아이디어, 능력 등을 기초로 사업 방향과 사업 목표를 설정하고, 이를 구체화하기 위한 사업화 전략의 수립과 실행을 통해 사업 목적을 달성하고자 한다.

사업계획서는 이러한 내용들의 핵심을 반영하고 있는 사업을 위한 지도(map)이자 나침판이다. 사업을 한다는 것은 계획하고, 계획한 것을 실행하며, 실행이 계획대로 이루어졌는지를 확인하는 과정의 연속이다. 계획 없이 어떠한 실행도 이루어질 수 없다. 계획을 실행할 수 있는 능력도 대단히 중요하지만, 계획 없이는 어떠한 목표도 달성할 수 없다.

이에 신규 창업자 또는 예비 창업자들이 창업을 준비하는 과정에서 창업교육이나 창업자문을 받을 때 사업계획서의 작성을 권유받는다. 그리고 창업을 위한 사업계획서를 작성한다.

사업계획서의 주요 내용

사업계획서는 특별히 정해진 양식은 없으며, 대부분 비슷한 형식으로 작성된다. 창업기업의 사업계획서에 반영되어야 할 주요 내용들은 다음과 같이 간략히 정리할 수 있다.

| 창업배경

창업의 계기 또는 이유, 창업이 가져다주는 수익과 사회적 가치 등을 정리한다.

| 창업기업과 사업내용 소개

사업의 기본내용(사업분야 등), 창업자의 능력과 자질, 제품 및 서비스에 대한 시장수요와 특징, 경쟁우위 전략, 자금조달 방법, 사업 전망 및 성공 가능성 등 전체 사업내용의 핵심 사항을 중심으로 정리한다.

| 환경분석

목표 시장(판매가능 규모, 경쟁강도, 향후전망 등) 및 내부 업무환경(창업기업의 조직과 핵심역량, 자원, 창업자의 경험과 능력 등)에 대한 분석 결과를 정리한다.

| 사업모델

고객의 요구사항(needs) 충족을 위한 제품 및 서비스의 핵심 기능, 차별성, 고객의 접근성 등에 대한 일련의 종합적인 계획이다. 누구를 대상으로(Who), 어떤 제품과 서비스를(What), 어떠한 방식으로(How) 제공할 것인지에 관한 내용이 핵심이다.

| 사업전략

기업은 목표 달성을 위해 사업분야, 사업범위, 시장진출 및 운영 방법 등에 대하여 다양한 관점에서 다양한 전략을 수립하게 된다. 경쟁시장에서 목표 달성을 위하여 기업과 제품 특성에 적합한 원가우위전략, 차별화전략, 집중화전략 등을 다양하게 구사할 필요가 있다.

| 마케팅 계획

제품과 서비스를 언제 어떠한 방법으로 고객에게 제공할 것인가 하는 마케팅 계획은 창업의 성공을 위한 또 다른 핵심 사항이다. 고객 니즈를 충족시키기 위한 마케팅 계획은 시장환경 조사에서부터 고객 니즈 충족 여부에 대한 피드백에 이르기까지 사업활동의 전 분야에 걸쳐 다양한 관점에서 이루어져야 한다. 현실적이고 객관적 자료에 기초하여 계획을 수립하는 것이 중요하다.

| 재무계획

창업에 필요한 자금을 분석하고 이를 어떠한 방법으로 조달할 것인가를 정리한다. 누구로부터 자금을 조달할 것인가, 상환기간을 얼마로 할 것인가 등 자금조달 방법은 기업의 수익성과 안전성에 영향을 미친다.

| 위험분석 및 대응계획

창업하여 사업을 영위하는 과정에서 예상할 수 있는 위험을 모두 정리하고 대응계획을 마련한다. 자연재해 등 기업 차원에서 통제 불가능한 위험도 있지만, 시장환경 변화로 인한 시장위험이나 기업 내부의 통제제도 미흡으로 인한 운영위험, 법적위험 등은 미리 준비하면 예방할 수 있고 나아가 위험이 발생하더라도 슬기롭게 대처할 수 있다.

| 추진일정

창업을 준비하고 실행에 옮기는 일련의 일정계획이다.

사업계획서의 작성 목적

　신규 창업자 또는 예비 창업자가 창업을 실행에 옮기기 위해서는 기술, 아이디어, 자금, 인력, 생산시설 등이 필요하고, 이를 활용하여 어떻게 사업화를 이룰 것인지를 분석하여 사업계획서를 미리 작성한다.

　그런데 사업계획서는 여러 가지 목적으로 작성된다. 사업계획서를 작성할 때는 먼저 작성 목적을 명확히 이해하고 작성 목적의 달성에 가장 적합하도록 사업계획서를 작성하여야 한다. 사업계획서의 작성 목적은 크게 다음과 같이 두 가지로 구분할 수 있다.

　첫째, 창업자 자신이 사업계획의 재점검과 사업 성공에 대한 확신을 갖기 위해 작성한다. 창업에 앞서 사업 수행에 관련된 자원, 환경, 목적달성 가능성, 사업 수행과정의 리스크 등을 미리 체크하여 사업계획 및 전략에 반영함으로써 사업의 성공 가능성을 높일 수 있다.

　둘째, 외부이해관계자에 대한 사업 신뢰도를 높이기 위한 목적으로 작성한다. 금융기관으로부터 사업자금을 조달하거나 정부 등의 지원을 받기 위해 작성하는 경우가 이와 같은 목적에 해당된다.

사업계획서를 작성할 때 유의할 사항

신규 창업자 또는 예비 창업자들이 작성하는 사업계획서는 첫 번째 목적, 즉 창업자 자신을 위해 작성하는 것이 중요하다. 창업 과정은 매우 복잡하고 어렵다. 그런데 창업보다 더 어려운 것은 창업에서 성공하는 것이다. 직장 생활은 자신이 일한 대가를 받기 때문에 위험이 매우 적다. 그러나 사업은 다르다.

창업을 위해서는 자신의 재산을 투자한다. 어떤 경우에는 자신의 전 재산을 사업에 투자하는 경우도 있다. 이에 창업자는 창업 성공이란 달콤한 열매에 매몰되지 않도록 해야 한다. 왜냐하면 사업에 실패하면 그 부작용은 헤아릴 수 없을 만큼 크기 때문이다. 금전적인 손해는 물론 가족들이 받는 고통, 자신에 대한 실망감, 무기력, 실패의식 등 사업실패의 영향은 어마어마하다.

이에 창업을 실행하기에 앞서 돌다리도 두들겨보고 간다는 심정으로 사업계획의 타당성과 문제점 존재 여부를 되짚어보고 또 확인해 보아야 하는 것이다.

또한, 사업계획서는 금융기관이나 투자자로부터 자금을 유치하거나 정부 등의 지원사업에 참여 또는 정책 지원을 받는 과정에서 회사를 설명하는 자료로 많이 사용된다. 이와 같은 회사 신뢰도를 높이기 위해 작성하는 사업계획서는 앞서 자신을 위해 작성한 사업계획서의 내용을 외부이해관계자들의 요구에 맞게 회사의 사업성, 비전 등이 잘 나타나도록 꾸민 것이다. 이러한 목적달성을 위해서는 사업계획서 작성 기법이 중요할 수 있다.

"사업계획서에 반영된 내용들은 꼼꼼히 확인하자"

신규 창업자는 창업 과정이나 사업 실행을 할 때 어떠한 내용을 어떻게 준비하고 실행하여야 하는지를 몰라 당황하는 경우가 많다. 사업계획서는 창업자의 창업 지도이자 창업 매뉴얼이라 할 수 있다. 사업계획서에 포함되는 내용을 모두 체크하여 그 빈칸을 채워 봄으로써 무엇이 부족하고 무엇을 준비해야 하는지를 알 수 있고, 사업성에 관한 판단과 문제점을 인식할 수 있게 된다. 따라서 사업계획서에 반영된 내용은 빠짐없이 확인해 보아야 한다.

"객관적으로 평가하고 위험요소는 모두 확인하자"

창업자가 작성하는 사업계획서는 창업자 자신을 위한 것이다.

사업계획서는 창업자가 머릿속에서 구상하고 있는 사업에 대한 추상적인 그림을 제3자도 알 수 있도록 구체화하여야 한다. 이를 위해서는 현재 상황과 계획을 객관적으로 평가하는 것이 중요하다. 현실에서 벗어난 장밋빛 그림은 아무런 도움이 되지 않는다. 실패를 부추길 뿐이다. 그리고 모든 계획에 대한 객관적 관점의 평가와 검토를 통해 실행 과정에서 발생할 수 있는 문제점을 찾아내고 이에 대한 대비책도 마련하여야 한다.

2

창업자와 원가관리

"사업계획서에는 수많은 의사결정 사항들이 담겨 있다"

사업계획서에는 사업 수행과 관련하여 확인하고 검토해 보아야 하는 중요 사항들이 대부분 반영되어 있다. 창업자는 사업계획서에 반영되는 각 항목에 대해 여러 가지 선택할 수 있는 대안들을 검토한 후 최적 대안을 선택하여야 한다.

초기 자금으로 얼마를 투자할 것인가? 직원은 몇 명을 채용할 것인가? 어떤 상품 또는 서비스를 제공할 것인가? 판매가격은 얼마로 할 것인가? 직접 생산할 것인가 아니면 아웃소싱할 것인가? 직접 판매할 것인가 아니면 대리점을 둘 것인가? 설비투자는 어느 수준으로 할 것인가? 등등 창업자가 고민하고 검토해서 결정하여야 할 사항들은 무수히 많다.

그런데 이러한 결정 사안마다 검토해야 하는 대안들이 여럿 있다. 창업자는 의사결정을 할 때마다 여러 선택 가능한 대안 중에 하나를 선택해야 하며, 이러한 선택을 통해 사업을 점차 구체화해 나간다. 이러한 의사결정 과정에서 간과하지 말아야 하는 중요한 점이 있다. **창업자의 모든 의사결정은 결국 사업의 타당성, 수익성, 성공 가능성 등에 영향을 미치게 된다는 점이다.**

"원가정보에 근거하여 의사결정 하자"

창업자가 사업계획서 작성을 통해서도 놓칠 수 있는 중요한 사항이 있다. 사업계획서는 분명 사업의 핵심 내용을 대부분 담고 있으며, 사업에 사용되는 자원의 가치, 매출 전망, 필요자금 및 조달방법 등을 객관적으로 인식할 수 있도록 도표나 수치로 표시하고는 있다. 그래서 창업자는 사업계획서를 잘 작성하고 사업계획서대로만 사업이 추진된다면 사업에 성공할 것으로 믿기 쉽다. 대부분의 사업계획서는 창업 기업이 희망하는 이상적인 모습을 담고 있어 그 자체만을 살펴보면 믿음이 가고 나아가 성공할 수 있겠다는 착시를 줄 수도 있다.

그러나 다시 생각해 봐야 하는 점은 대부분의 내용들은 서술형 문장으로 기록된다는 것이다. 창업자는 사업계획서에 포함된 내용들을 채워가면서 창업 준비를 해 나갈 수는 있으나, 정작 사업계획서에 반영된 자신의 결정들이 올바른지를 알 수 없다. 이것이 사업계획서가 가지고 있는 한계인 것이다.

창업자는 경영자로서 매 순간 사업 수행과 관련된 다양한 의사결정을 하고 실행에 옮긴다. 창업자의 의사결정은 기업의 수익성, 성장성, 안전성 등에 영향을 미친다. **의사결정에 앞서 각 대안의 선택이 창업기업에 어떠한 영향을 미치는지를 정확히 알면 보다 나은 선택, 즉 의사결정을 할 수 있게 된다.**

이를 위해서는 사업 수행과정에서 발생하는 수익과 비용, 즉 원가정보에 대한 정확한 이해가 필요하다. 원가는 경영자가 경영활동과 관련된 의사결정을 할 때 사용하는 가장 기본적인 정보이기 때문이다.

이에 창업자는 이러한 원가개념과 원가정보를 활용한 의사결정 방법에 대한 기본적인 이해와 관심이 필요하다. **원가정보를 활용하여 의사결정을 할 수 있는 창업자의 능력은 창업자의 성공을 뒷받침하는 "보이지 않는 힘"이자 "비밀열쇠"라 할 수 있다.**

Part 2

원가의
개념과 범위

CHECK!

홍길동은 분식점 창업을 위해서는 분식점 운영과 관련된 원가 정보를 정확하게 알고 원가의식을 갖는 것이 무엇보다 중요하다는 것을 알았다.

그런데 홍길동은 원가라는 개념에 대해 막연하게만 알고 있다. 분식점 창업과 운영에는 여러 가지 형태의 지출이 일어나게 되는데, 이것들이 어떤 원가에 해당되고 어떻게 계산하는지, 그리고 의사결정을 할 때 어떻게 사용되는지를 알지 못한다.

창업자가 원가의식을 갖기 위해서는 원가의 개념과 유형을 이해하여야 한다.

Part 2에서는 원가의 기본개념과 원가 용어에 대해 살펴본다. 이러한 원가 개념과 원가 용어는 이 책을 계속 읽고 이해하는 데 기본이 된다.

1

원가란 무엇인가

우리는 일상생활에서 원가라는 용어를 무척 많이 사용한다. 그래서 원가의 개념을 잘 알고 잘 적용하고 있다고 생각하고 있다. 예를 들면 점심시간에 4,500원 하는 커피를 마실 때면 왠지 커피 가격이 원가에 비해 비싸다는 생각이 든다. 출근할 때는 1,200원의 요금으로 버스를 이용하는데 버스요금은 저렴하다고 느껴진다.

그런데 곰곰이 생각해 보면, 우리가 원가라는 용어를 일상적으로 사용하고 있지만 원가가 무엇을 의미하는지에 대해 정확하게 알지 못한다. 무엇을 원가라고 하는지, 원가에는 어떤 내용들이 포함되는지, 원가는 어떠한 의미와 용도로 사용될 수 있는지 등을 정확히 알고 원가라는 용어를 사용할 필요가 있다. 기업 경영자, 특히 신규 창업자는 원가의 개념과 내용을 정확히 이해할 필요가 있다. 왜냐하면 원가를 제대로 알지 못하면 엉뚱한 의사결정을 할 수 있기 때문이다.

원가(原價, cost)는 '원래의 가격' 또는 '기초가 되는 가격'을 의미한다. 학문적으로 원가는 특정 물품이나 서비스와 같은 특정 자원을 얻기 위해 정상적으로 소비된 자원의 가치를 화폐단위로 측정하여 표시한 것이라고 정의할 수 있다.

원가정보는 계획수립, 성과평가, 제품가격 결정, 재고자산 평가 및 관리 등 경영자가 다양한 의사결정을 하기 위한 기초자료로 사용된다. 따라서 원가정보는 그 사용 목적에 따라 제조원가, 매입원가, 매출원가, 직접원가, 간접원가, 고정원가, 변동원가, 기초원가, 가공원가, 실제원가, 표준원가, 정상원가, 활동기준원가 등 다양한 용어로 사용된다.

2

다양한 원가용어

원가절감은 모든 경쟁력의 원천이다.
원가를 제대로 알고 이해하여야 원가의식이 생겨나고,
원가의식을 가지고 있을 때 원가절감도 가능하다.

제조원가, 매입원가, 판매관리비, 총원가

원가는 원가에 포함되는 내용에 따라 제조원가, 매입원가, 판매관리비, 총원가 등으로 구분한다.

| 제조원가

제조원가(manufacturing cost)는 **제품을 생산판매하는 기업에서 제품 생산에 사용된 제반 자원의 가치를 화폐단위로 집계한 것이다.**

제품을 생산하기 위해서는 제품의 재료, 제품을 생산하는 사람, 그리고 제품 생산을 위한 건물 및 설비 등이 필요하다. 제품 생산에 투입된 재료의 원가를 재료원가(material cost)라고 한다. 제품 생산에 투입된 사람들에게 지급되는 인건비 및 복리후생비 등을 노무원가(labor cost)라고 한다. 그리고 제품 생산을 위해 사용되는 공장, 기기, 설비장치 등에서 발생되는 비용을 제조경비(factory overhead cost)라고 한다. **제조원가는 이러한 재료원가, 노무원가, 그리고 제조경비를 합산한 금액을 말한다.**

제조원가 = 재료원가 + 노무원가 + 제조경비

| 매입원가

제품을 직접 생산하여 판매하지 않고 다른 기업의 생산 제품을 구입하여 판매하는 기업도 있다. 이러한 기업에서 다른 기업의 제품 즉, **상품을 구입하기 위하여 지불하는 제반 자원의 가치를 화폐단위로 집계한 것을 '매입원가(purchase cost)'라고 한다.**

매입원가를 계산할 때는 상품의 매입금액과 매입운임 등 매입 과정에서 매입과 관련되어 정상적으로 발생하는 제반 비용을 모두 반영하여야 한다.

| 판매관리비

판매관리비(sales, general and administrative expenses)는 판매비와 일반관리비를 합쳐 부르는 용어이다. 판매관리비는 제품의 판매와 기업의 운영과 관련하여 사용되는 모든 자원의 가치를 포괄하는 개념으로 사용된다.

판매비(sales expenses)는 제품이나 서비스를 판매하는 활동에서 발생한 모든 지출(비용)을 포함한다. 판매직원의 인건비, 광고선전비, 판매점포의 임차료, 판매차량 등의 감가상각비, 기타 판매조직의 운영관리비 등이 모두 판매비에 해당한다.

일반관리비(general and administrative expenses)는 생산활동과 판매활동에 직접 관계되지 않는 기업 운영과 관련된 지출을 말한다. 기획 및 인사부서 등의 직원 인건비, 건물감가상각비, 제반 운영경비 등이 일반관리비에 해당한다.

여기서 유의할 점은 "비용항목과 원가 구분은 항상 일치하는

것은 아니다"라는 점이다. 같은 비용항목이라도 그 발생원인, 즉 어떠한 내용으로 지출되는가에 따라 원가 구분이 달라질 수 있다.

예를 들어 인건비의 경우 생산공장 근무 직원의 인건비는 제조원가인 노무원가로 분류된다. 반면 제품판매부서 근무 직원의 인건비는 판매관리비인 판매비로 분류된다.

감가상각비의 경우 생산공장건물에 대한 감가상각비는 제조원가인 제조경비로 분류되며, 본부건물의 감가상각비는 판매관리비인 일반관리비로 분류된다. 보험료의 경우 생산공장건물에 대한 화재보험료는 제조원가인 제조경비로 분류되지만 본부 건물의 화재보험료는 판매관리비인 일반관리비로 분류된다.

< 참고 >

지출의 내용에 따라 분류되는 원가종류가 다르다.

인 건 비	**공장직원** - 제조원가(노무원가)
	판매직원 - 판매관리비(판매비)
감가상각비	**생산공장** - 제조원가(제조경비)
	본부건물 - 판매관리비(일반관리비)
보험료	**생산공장** - 제조원가(제조경비)
	본부건물 - 판매관리비(일반관리비)

| 총원가

총원가(full cost)는 제조원가 또는 매입원가와 판매관리비를 합산한 금액을 말한다. 총원가는 회사가 제품을 판매할 때, 이익을 계산하는 기준이 된다. 매출액이 총원가보다 많을 때 이익이 발생하며, 작으면 손실이 발생한다.

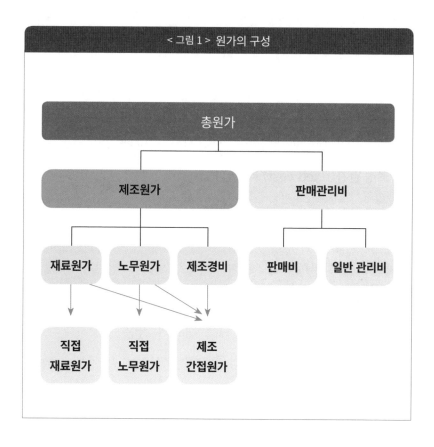

< 그림 1 > 원가의 구성

고정원가, 변동원가, 혼합원가

제품을 생산판매할 때 다양한 원가가 발생한다. 이러한 원가는 발생하는 행태 즉, 언제, 어떻게 발생하는지의 차이에 따라 고정원가와 변동원가로 구분할 수 있다.

| 고정원가

제품의 생산판매량에 영향을 받지 않고 항상 일정하게 발생하는 원가가 있다. 제품 생산을 위한 건물, 기기설비 등의 감가상각비가 대표적이다. 건물 화재보험료, 임차료 등도 매월 일정 금액으로 발생한다.

이와 같이 **생산판매량과 무관하게 일정하게 발생하는 원가를 '고정원가(fixed cost)'라 한다.**

| 변동원가

제품의 생산판매량에 영향을 받아 발생하는 원가도 있다. 제품의 생산과정을 살펴보자.

제품 1단위의 생산에 투입되는 재료의 양은 일정하다. 이에 제품 생산에 소요되는 재료의 총량은 생산량에 비례하게 되고, 재료원가도 생산량에 비례하여 발생한다.

그리고 전기료, 수도료 등과 같이 제품을 생산하는 과정에서 제품 생산량에 비례하여 발생하는 지출도 있다.

또한 제품의 판매과정에서도 판매량에 비례하여 발생하는 지출이 있다. 판매대리점에 대한 수수료, 판매직원에 대한 성과급, 판매점의 운송료 등은 판매량의 일정한 비율로 발생한다.

이와 같이 **제품의 생산판매량에 비례하여 발생하는 원가를 '변동원가(variable cost)'라고 한다.**

고정원가 : 생산판매량에 관계 없이 일정하게 발생
(감가상각비, 임차료, 보험료 등)

변동원가 : 생산판매량에 비례하여 발생
(재료원가, 가공원가, 판매량에 따른 수당 등)

| 혼합원가

그런데 현실에서 발생하는 원가를 보면 '고정원가' 또는 '변동원가'라고 하는 단일 특성으로만 구분할 수 없는 경우가 대부분이다. 변동원가와 고정원가의 특성을 함께 갖고 있다. 제품의 생산 여부에 관계없이 항상 일정한 원가가 발생하는 가운데, 제품의 생산량이 증가하면 증가량에 비례하여 원가가 추가로 발생한다.

이와 같이 **고정원가와 변동원가의 성격을 함께 가지고 있는 원가를 '혼합원가(mixed cost)' 또는 '준변동원가(semi-**

variable cost)'라고 한다. 이러한 혼합원가는 엄밀한 의미에서는 변동원가로 분류할 수 있다. 왜냐하면 생산량의 증감에 따라 고정원가와 변동원가를 합한 금액이 변하기 때문이다.

우리의 일상생활에서 사용하는 휴대폰 요금도 혼합원가 행태로 발생한다. 휴대폰을 사용할 때 통화량과 데이터 사용량 등을 감안하여 자신에게 알맞은 요금제를 선택한다. 통화량과 데이터 사용량이 해당 요금제의 기준 범위 내에 있을 때는 고정원가에 해당하는 기준요금만 지불하고, 기준 범위를 초과할 때는 초과 사용량에 따라 요금을 추가로 부담한다.

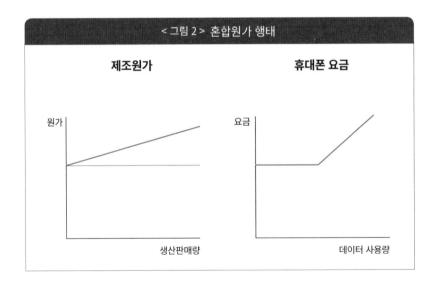

< 그림 2 > 혼합원가 행태

직접원가, 간접원가

제품을 생산할 때 많은 종류의 자원이 투입된다. 그 투입되는 자원의 가치는 제조원가를 계산할 때 모두 반영하여야 한다. 그런데 제품 생산에 투입되는 자원은 개별 제품별로 투입되는 양과 가치를 구분하여 추적할 수 있는 자원이 있는가 하면 그러한 구분 추적이 불가능한 자원이 있다.

| 직접원가

제품을 생산할 때 제품별로 투입되는 자원의 양과 가치를 구분하여 집계할 수 있는 경우 이를 '직접원가(direct cost)' 또는 '개별원가(individual cost)'라고 한다.

예를 들어 A 전자회사에서 X, Y 두 모델의 컴퓨터를 생산할 때 각 모델에 사용되는 프로세서(processor)의 원가는 직접원가에 해당한다. 이와 같은 직접원가는 개별 제품별로 투입되는 자원을 직접 추적하여 집계하는 방식으로 원가를 계산한다.

모든 제조원가 요소는 직접원가와 간접원가로 구분한다. 재료원가 중에서 제품별로 투입량을 알 수 있어 구분 계산할 수 있는 원가를 '직접재료원가(direct material cost)'라고 한다. 노무원가 중에서 특정 제품의 생산에 직접 종사하는 직원의 인건비 등은 특정 제품의 노무원가로 구분 계산할 수 있다. 이를

'직접노무원가(direct labor cost)'라고 한다. 그리고 제조경비 중에서 특정 제품의 생산에만 직접 관계되어 발생하는 경비는 특정 제품의 제조경비로 구분 계산할 수 있다. 이를 '직접제조 경비(direct overhead cost)'라고 한다.

| 간접원가

직접원가와 달리 개별 제품별로 투입되는 자원의 양과 가치를 구분하여 추적할 수 없는 경우도 있다.

예를 들어 X, Y 두 모델의 컴퓨터를 생산하는 A 전자회사의 공장관리자의 급여는 간접원가에 해당한다. 이러한 자원은 **여러 제품에 공통적으로 사용되기 때문에 개별 제품별 투입원가를 구분하여 집계할 수 없다. 이러한 원가를 '간접원가(indirect cost)' 또는 '공통원가(common cost)'라고 한다.**

간접원가는 여러 제품의 생산과정에서 공통적으로 발생하므로, 개별 제품별로 추적 집계할 수 없다. 이에 일정 기간 발생한 공통원가의 총액을 집계한 다음, 이를 공통원가 발생과 관련 제품들에 대해 일정한 기준으로 배부한다. 이때 배부하는 기준은 각 제품의 생산량, 작업시간 등과 같은 조업도를 사용된다.

직접원가 : 제품 별로 추적 집계할 수 있는 원가(개별원가)
예) X·Y 모델 컴퓨터의 프로세서 원가

간접원가 : 제품 별로 추적 집계할 수 없는 원가(공통원가)
- 여러 제품 생산과정에서 공통적으로 발생
예) X·Y 모델 컴퓨터 생산공장의 관리자 급여

관련원가, 매몰원가, 기회원가

| 관련원가

　기업 경영자가 의사결정을 할 때 의사결정에 영향을 미칠 수 있는 원가를 '관련원가(relevant cost)'라고 한다. 다시 말해, 관련원가는 의사결정을 위해 검토하는 여러 가지 선택할 수 있는 **'대안들 간에 차이가 있는 원가'**를 말한다.

　그런데 절대 금액이나 금액 비중이 아주 큰 수익이나 원가는 그 중요성이 높으므로 경영자가 의사결정을 할 때 고려하여야 한다고 생각하기 쉽다. 그렇다면 절대 금액이나 금액 비중이 높으면 의사결정에 고려되어야 하는 관련원가에 해당할까? 반드시 그렇지만은 않다.

　아무리 금액이 크고 전체 원가에서 차지하는 비중이 높다 할지라도, 다른 대안들과 차이가 없다면 그러한 원가는 경영자의 의사결정에 아무런 영향을 미치지 못한다. 이와 같은 원가를 '비관련원가(irrelevant cost)'라 한다.

| 매몰원가

　매몰원가(sunk cost)는 이미 발생하여 변경할 수 없는 원가를 말한다. 이러한 매몰원가는 경영자가 어떠한 의사결정을 통해 되돌릴 수 없으므로 경영자의 의사결정에 아무런 영향을 주지 않는다.

　예를 들어 대학졸업자가 대기업에 대한 취업과 창업을 두고 고민하고 있다고 하자. 이때 의사결정에 영향을 주는 것은 취업 또는 창업이라는 두 선택 대안을 선택했을 때 얻게 되는 미래 수입의 크기, 수입의 안전성, 자신의 추구 가치와 일치 여부 등이 될 것이다. 대학 졸업을 위한 자신의 노력, 등록금 등은 고려할 사항이 아니다.

　또 회사에서 손실이 발생하는 제품을 계속 생산할 것인가 아니면 생산을 중단할 것인가를 의사 결정하고자 할 때, 고려되어야 하는 것은 향후 계속 생산과 생산 중단이 가져오게 될 손익에 대한 영향이다. 해당 제품 생산을 위해 그동안 투자한 노력과 시간, 그리고 투자자금 등은 생산 중단 여부를 결정할 때 고려 대상이 아니다. 왜냐하면 이들은 어떠한 선택으로도 되돌릴 수 없는 매몰원가에 해당되기 때문이다.

　그리고 기업이 제품 생산을 위해 기계를 구입한 경우 기계구입 취소기한이 경과하게 되면 기계구입 비용은 매몰원가에 해당한다. 왜냐하면 기계구입의 취소를 통해 취득금액을 반환받을 수 없기 때문이다. 만약 해당 기계를 일정 금액으로 되팔 수 있다면 취득금액에서 매각금액을 차감한 금액이 매몰원가에 해당한다.

　이와 같이 **매몰원가는 의사결정에 영향을 미치지 않는 원가**

이므로 의사결정을 할 때 배제하여야 하는 대표적인 비관련원가이다.

| 기회원가

기회원가(opportunity cost)는 여러 가지 선택 가능한 대안 중에 어떠한 하나를 선택할 때 선택하지 않은 대안을 포기함으로써 얻지 못하는 기회의 가치를 말한다.

예를 들면 대학교를 졸업한 이후 기업에 취업하지 않고 창업을 하는 경우, 창업의 기회원가는 기업에 취업할 경우 기대할 수 있는 급여, 복지혜택 등의 가치가 된다. 또한 창업을 위해 투자하는 자금의 기회원가는 은행예금 등 창업 이외의 다른 용도로 사용할 경우 얻게 될 수입이 된다.

따라서 어떠한 의사결정을 통해 어떤 대안을 선택할 때는 그 기회원가까지도 검토하는 것이 중요하다. 왜냐하면 의사결정을 통해 선택한 대안에서는 다른 대안을 선택하지 않음으로써 잃게 되는 기회원가보다 많은 가치를 창출할 수 있어야 하기 때문이다. 다시 말해 기회원가는 어떤 선택에서 얻어야 하는 최소 이익으로서, 의사결정의 올바름을 판단할 수 있는 기준 역할을 한다.

관련원가 : 의사결정에 영향을 미치는 원가
(선택 대안에 따라 차이가 발생하는 원가)

매몰원가 : 이미 발생하여 어떠한 의사결정으로 변경할 수 없는 원가
(비관련원가에 해당)

기회원가 : 여러 대안 중 어떤 선택으로 포기된 기회의 가치
(관련원가에 해당)
(선택안의 가치 > 기회원가)

통제가능원가, 통제불가능원가

회사 경영자가 원가 발생을 통제할 수 있는가, 그 여부에 따라 통제가능원가와 통제불가능원가로 구분한다.

| 통제가능원가

경영자가 원가 발생을 통제할 수 있는 실질적인 권한을 가지고 있어 원가 발생에 영향을 미칠 수 있는 원가를 '통제가능원가(controllable cost)'라 한다. 통제가능원가로는 직원에 대한 급여 및 성과급, 사무용품비, 교육훈련비, 광고비, 유통경비, 일반관리비 등을 들 수 있다.

그러나 통제 가능성은 경영자의 상황에 따라 다를 수 있다. 예를 들어 인사 담당 부서에서는 인건비가 통제가능원가에 해당하지만 나머지 부서에서는 통제불가능한 원가일 수 있다. 직접재료원가는 생산부서에서만 통제 가능한 원가에 해당한다. 이러한 통제가능원가는 경영자가 단기에 조정 집행할 수 있다.

이에 경영자에게 통제가능원가에 대한 책임권한을 부여하고 이에 대한 성과지표를 근거로 성과를 평가하는 것이 바람직하다. 성과평가의 공정성과 성과측정의 정확성을 기할 수 있고 동기를 부여할 수 있다.

| 통제불가능원가

　경영자가 원가 발생을 통제할 수 없는 원가를 '통제불가능원가(uncontrollable cost)'라 한다. 감가상각비, 보험료, 임차료 등은 경영자가 통제할 수 없는 원가에 해당한다. 이러한 통제불가능원가는 장기계획을 통해 조정할 수 있다.

　이에 통제불가능원가에 대해서는 경영자에게 책임을 지우거나 성과평가의 근거로 사용하는 것은 바람직하지 않다. 경영자에게 자신의 노력과 무관하게 나타난 결과에 대해 책임을 묻게 되면 오히려 성과달성 노력을 게을리하거나 성과평가가 불공정하다고 느끼는 등 부작용이 발생한다.

Part 3

제조원가의
계산

CHECK!

홍길동은 분식점을 개업하면서 가장 고민되는 것이 "원하는 이익을 남길 수 있을까?" 그리고 "최소한 손해는 보지 말아야 하는데 가능할까?" 하는 점이다. 분식점 운영으로 손해를 보지 않는 방법은 간단하다. 라면과 떡볶이를 손해 보지 않는 가격으로 판매하면 된다.

손해 보지 않는 가격을 결정하려면 라면과 떡볶이의 요리원가가 얼마인지? 그리고 판매를 위해 분식점을 운영하는 데 소요되는 원가는 얼마인지를 알 수 있어야 한다. 왜냐하면 이러한 원가를 알아야 손해 보지 않는 수준으로 판매가격을 결정할 수 있기 때문이다.

그런데 라면과 떡볶이의 요리원가는 누가 알려주지 않는다. 홍길동 자신이 직접 계산해서 파악하여야 한다. 요리원가를 계산하기 위해서는 제조원가의 개념을 이해하고 제조원가가 어떻게 구성되는지를 알아야 한다. 그리고 제조원가의 계산방법도 이해하여야 한다. 요리를 하는 과정이 제품을 생산하는 것과 크게 다르지 않기 때문이다.

Part3에서는 제조원가 개념과 구성요소 및 계산방법 등에 대해 알아본다.

" 홍길동 분식점의 요리원가는 얼마일까요?"

홍길동은 점포를 임대하여 분식점을 창업하기로 하였다.
20x3년 1월 개업 예정이며, 라면과 떡볶이 두 가지 요리를 판매할 계획이다.
분식점 창업과 관련하여 홍길동이 지출할 원가정보와 요리관련 정보는
다음과 같다고 가정하자.

| 영업점포 임차 및 인테리어

• 영업점포 임차 : 보증금 5천만 원, 월세 100만 원

- 보증금 5천만 원은 저축한 금액 2천만 원과 은행 대출금 3천만 원(연 5% 이율)으로
  조달

• 매장과 주방의 인테리어 비용으로 각각 1천만 원을 지출

| 주방용품 구입

• 대형냉장고 1개 : 구입가격 500만 원, 5년간 사용 예상
• 식기세척기 1개 : 구입가격 100만 원, 5년간 사용 예상
• 주방 요리기구 및 식기 등 : 총 50만 원, 1년 사용 예상

| 주방 관련 지출

• **주방 전기·가스료, 상·하수도료 등 : 매월 50만 원 예상**

| 예상 요리재료 원가 (1인분 기준)

라면
1,000원

생라면(500원), 생수(200원),
달걀(단가 250원), 대파 등 부재료(총 50원)

판매량(예상) : 하루 100인분
영업일수 : 월평균 26일, 연평균 312일

홍길동 분식점 사례

떡볶이

800원

어묵(400원), 가래떡(300원),
고추장 등 부재료(총 100원)

판매량(예상) : 하루 100인분
영업일수 : 월평균 26일, 연평균 312일

| 분식점 운영 인력(총 3명)

총 3명의 인력으로 분식점을 운영할 계획이다.
주방은 홍길동 자신이 책임을 지며, 매장은 직원 1명을 채용하고
아르바이트생 1명을 사용할 예정이다. 이들의 인건비는 다음과 같다.

· 홍길동은 다른 음식점에 취업할 경우 최소 월 350만 원을 받을 수 있다.

· 매장 직원은 주문과 매장 전체 관리를 담당하며 월 300만 원의 급여를 지급한다.

· 아르바이트생은 매장에서 손님을 응대하며, 하루 6시간, 주 6일을 근무한다.
  시간당 임금은 1만 원이다.

요리원가		
라면	?	원
떡볶이	?	원

1

제조원가의 개념

창업을 할 때는 모든 비용(원가)의 발생 내역을 구체적으로 적시하고, 이들이 어떤 원가 종류에 해당하는지와 어떠한 성격을 갖는지를 구분할 수 있어야 한다. 왜냐하면 원가의 종류와 성격에 따라 원가의 발생 행태가 다르고, 원가를 계산하는 방법에 차이가 있기 때문이다. 창업자는 이들 원가의 내역을 정확히 이해하여야 생산판매량에 따른 발생원가와 이익의 규모를 알 수 있게 된다.

이에 지금부터는 제조원가에 대한 개념을 자세히 설명한다. 창업자는 여기에서 설명하는 제조원가 개념을 명확하게 이해할 때 재료선택, 설비투자, 제품 선정, 제품믹스, 제품 생산중단, 마케팅 등 창업과 관련된 제반 의사결정 과정에서 원가정보를 올바로 활용할 수 있게 된다.

'제조원가(manufacturing cost)'는 일반적으로 제품을 직접 생산하여 판매하는 기업에서 판매할 제품의 생산을 위하여 지출한 자원의 가치를 돈으로 표시한 것을 말한다. 다시 말해, 제품 생산을 위해서는 원재료, 사람, 제조설비 등이 사용되는데,

이들의 소비된 가치를 화폐가치(돈)로 계산한 것을 각각 '재료
원가', '노무원가', '제조경비'라고 한다.

이와 같이 제조원가는 재료원가, 노무원가 그리고 제조경비
3가지로 구성되는데, 이를 '제조원가의 3요소'라고 한다.

제조원가 = 재료원가 + 노무원가 + 제조경비

홍길동의 분식점은 제조업이 아니라 요식업[*](일반음식점)에 해당한다. 그런데 요리사가 주방에서 요리 주재료와 부재료를 사용하여 요리를 만드는 과정은 제조업에서 제품을 생산하는 과정과 거의 동일하다. 요리 과정에서 요리의 재료원가, 주방장 등의 인건비, 그리고 요리설비 등 요리를 위한 제반경비가 소요된다. ^{**}

이에 라면과 떡볶이의 요리원가(제조원가)는 다음과 같이 재료원가, 인건비, 그리고 요리경비의 합으로 구성된다.

요리원가 = 재료원가 + 인건비 + 요리경비

----

* 일정한 시설을 갖추고 요리나 음식을 파는 영업으로, 「식품위생법」에서는 식품접객업으로 표시한다. 식품접객업 영업을 하고자 할 경우 보건복지부령이 정하는 시설기준에 적합한 시설을 갖추어야 한다. 그리고 시장·군수 또는 구청장의 영업허가를 받아야 한다.

** 이에 이러한 '요리원가'라는 용어 대신에 (좀 어색하기는 하지만) 제조업에서 사용하는 '제조원가'란 용어를 사용하여도 무방하다. 따라서 이 책에서는 필요에 따라 '요리원가'와 '제조원가'를 같은 개념에서 혼용하여 사용한다.

재료원가

재료원가(material cost)는 제품 생산에 사용된 재료의 가치를 말한다. 흔히 '재료비'라고 한다. 제품을 생산하기 위해서는 제품을 구성하는 주된 재료와 부품, 윤활유 등 제품의 생산을 위한 부수적인 재료가 사용된다. 재료원가는 제품 생산을 위해 사용되는 모든 재료의 원가를 포함하는 개념이다.

> **제료원가** = 제품 생산에 사용된 모든 재료의 취득(매입)원가의 합
> = 주재료 원가 + 부재료 원가

일반적으로 제품 생산에 사용되는 주요 재료는 미리 일정량을 구입하여 두고 사용한다. 이러한 주요 재료가 제품 생산을 위해 사용될 때 제조원가의 재료원가로 계산한다. 이때 재료원가로 반영하는 금액은 '**제품 생산에 사용된 재료의 매입원가 또는 취득원가**'이다.[*]

반면, 제품 생산에 부수적으로 사용되는 재료의 경우 제품

---

* 회계에서는 제품 생산을 위해 매입한 재료는 매입 시점에 매입원가를 자산으로 처리한다. 재료가 제품 생산을 위해 사용되면 해당 자산에서 차감하고 재공품의 재료원가로 처리한다. 이에 연도 말까지 제품 생산에 사용되지 않은 재료의 매입원가는 재고자산으로 재무상태표에 반영된다.

생산을 위해 사용되지만, 보통 여러 가지 제품의 생산을 위해 공통적으로 사용되기 때문에 사용될 때마다 그 사용량과 금액을 파악하여 재료원가로 계산하지 않는다. 이러한 부수적인 재료들은 일정 기간 사용한 양을 일괄해서 집계한 다음, 이를 관련된 제품들에 대해 일정한 기준을 적용하여 배분한다.

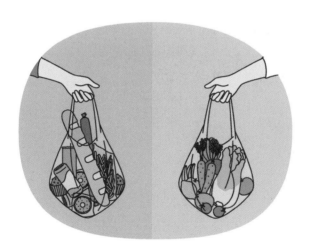

홍길동 분식점 사례

홍길동 분식점에서 라면과 떡볶이를 요리할 때 사용하는 재료를 보면, 라면에는 생수, 생라면, 달걀, 그리고 대파 등 부재료를 사용하고, 떡볶이에는 가래떡, 어묵, 그리고 고추장 등 부재료를 사용한다. 라면과 떡볶이의 재료원가는 라면과 떡볶이를 요리할 때 사용된 모든 요리재료의 매입원가를 합산한 것이 된다.

> **라면의 재료원가** = 주재료(생라면, 생수, 달걀) 매입원가 +
> 부재료(대파 등) 매입원가
>
> **떡볶이 재료원가** = 주재료(가래떡, 어묵) 매입원가 +
> 부재료(고추장 등) 매입원가

노무원가

노무원가(labor cost)는 제품 생산에 참여하는 직원들의 노력의 가치를 말하며, 이들 직원들에게 지급한 급여, 상여금, 퇴직급 등을 합산하여 계산한다. 그런데 이러한 직원들을 자세히 살펴보면, 생산공장에서 특정 제품의 생산에 직접 참여하는 직원들이 있는가 하면 생산감독자, 생산보조자 등과 같이 여러 제품의 생산에 공통적으로 관련되는 직원들이 있다. 노무원가는 특정 제품의 생산에 직접 기여하는 직원뿐만 아니라 간접적으로 기여하는 직원들에 대해 지급한 대가도 포함하여 계산한다.

> **노무원가** = 제품 생산에 직접 또는 간접적으로 참여하는
> 직원들의 노력 가치 (급여, 상여금 등)
> = 직접노무원가 + 간접노무원가

특정 제품의 생산에 직접 참여하는 직원들의 급여 등은 지급을 할 때 해당 제품의 노무원가에 반영한다. 이러한 노무원가는 실제 급여 등을 지급하지 않았더라도 근무시간, 근무일수 등을 기준으로 발생액을 추정하여 계산한다.

반면, **여러 제품의 생산과 관련된 일을 하는 생산감독자 등에 대해 지급하는 급여 등**은 지급 시점에 특정 제품의 노무원가에 반영할 수 없다. 이러한 노무원가는 **일정 기간 지급한 금액을 일괄 집계한 다음, 관련 제품들에 대해 배분한다.**

홍길동 분식점에서는 홍길동이 주방에서 라면과 떡볶이를 요리한다.
이에 홍길동의 인건비는 라면과 떡볶이 요리의 노무원가에 해당한다.

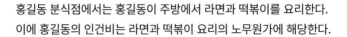

요리 노무원가 = 주방장인 홍길동의 인건비[*]

< 참고 >

매장에서 일하는 직원과 아르바이트생의 인건비는
어떤 원가에 반영하여야 할까?

이들은 라면과 떡볶이를 요리하는 데 관여하지 않는다. 단순히 매장에서
손님을 응대하고 판매하는 역할을 한다. 따라서 이들의 인건비는 판매관
리비에 해당한다.

---

[*] 홍길동은 자신이 사장이므로 자신의 인건비를 원가계산 할 때 고려하지 않을 수도 있다.
    그러나 정확한 원가계산을 위해서는 현재 홍길동이 다른 음식점에 취업할 경우 받을 수 있는
    최소 금액을 기회원가로 보아 노무원가에 반영하여야 한다.

제조경비

　제조경비(factory overhead cost)는 제품 생산을 위해 사용된 제반 시설의 가치와 지출한 제반 비용을 말한다. 재료의 운반비, 생산공장과 생산기기 등의 감가상각비, 생산공장의 임차료, 전기료, 전화료, 보험료, 수도광열비, 소모품비, 세금과 공과금 등이 제조경비에 해당한다. 제품을 생산하기 위해서는 여러 가지 자원이 사용되는데, 이 중 재료원가와 노무원가를 제외한 나머지는 모두 제조경비에 해당된다고 생각하면 이해하기 쉽다.

> **제조경비** = 제품 생산을 위해 사용된 시설, 설비 등의
> 　　　　　가치(감가상각비)와 생산공장 관련 제반 비용
> 　　　　　(임차료, 전기료, 전화료, 수도·광열비, 등)
> 　　　　 = 총 제조원가 - (재료원가 + 노무원가)

홍길동 분식점에서는 홍길동이 주방에서 여러 가지 조리시설과 조리기구를 사용하여 요리한다. 사용한 그릇 등은 식기세척기를 사용하여 세척한다. 이와 같이 주방에서는 요리 준비와 요리를 위해 여러 가지 장비 등을 사용하는데, 이들 장비 등에 대한 감가상각비는 요리경비에 해당된다.

또한 주방에서는 전기, 가스, 수돗물 등을 사용한다. 이러한 주방에서 사용된 전기료, 가스료, 상·하수도료 등도 요리경비에 해당된다.

그리고 빠뜨리기 쉬운 것은 주방 자체의 사용가치이다. 홍길동은 주방을 임차하여 라면과 떡볶이 요리에 알맞게 인테리어 공사를 하였다. 이에 주방 임차와 관련된 비용과 주방 인테리어의 감가상각비도 결국 요리와 관련된 지출이므로 요리경비에 반영하여야 한다.

> **요리경비 =** 주방의 전기·가스 요금 등 지출액 +
> 주방 설비 및 인테리어의 사용가치(감가상각비) +
> 주방 임차비용(월세, 보증금의 기회원가)

2

제조원가의 계산 방법

직접원가와 간접원가를 구분하라

제품제조원가 계산을 위해서는
직접원가와 간접원가를 구분할 수 있어야 한다.

앞서 제조원가는 재료원가, 노무원가, 그리고 제조경비로 구성된다고 설명하였다. 그런데 **재료원가, 노무원가, 그리고 제조경비를 구성하는 다양한 비용항목들은 그 성격과 발생 행태가 다양하다.** 제품생산 과정에서 그 발생 상황과 내역을 개별 제품별로 추적 집계할 수 있는 것이 있는가 하면 추적 집계할

수 없는 것이 있다.

전자의 경우에는 제품원가를 계산할 때 각 제품별로 사용량과 금액 등을 구분 집계할 수 있지만, 후자의 경우에는 구분 집계가 불가능하다.

이에 따라 제품의 제조원가를 계산하기 위해서는 제조원가 3요소를 구성하는 비용항목들을 개별 제품별로 구분하여 집계할 수 있는 것과 구분하여 집계할 수 없는 것으로 세분할 필요가 있다. 다시 말해, 제조원가 3요소의 세부 비목들에 대해 제품별로 그 사용량과 금액 등을 추적하여 집계할 수 있는 항목과 추적하여 집계할 수 없는 항목을 구분하여야 한다.

개별 제품별로 추적 집계할 수 있는 원가를 '직접원가(direct cost)'라고 한다. 개별 제품별로 추적 집계할 수 없는 원가 즉, 여러 제품에 공통으로 발생하는 원가를 '간접원가(indirect cost)'라 한다.

직접원가 = 제품별로 추적 집계할 수 있는 원가(개별원가)
· 직접재료비, 직접노무비, 직접제조경비

간접원가 = 제품별로 추적 집계할 수 없는 원가(공통원가)
· 여러 제품 생산 과정에서 공통적으로 발생하는 원가

| 재료원가의 구분

제품의 주된 재료의 원가는 제품별로 추적 가능한 직접원가이다.
다른 제품과 함께 사용하는 부품 등의 원가는 간접원가에 해당한다.

재료원가(material cost)는 제품 생산에 사용된 재료의 가치를 금액으로 나타낸 것이다. 보통 제품 생산을 위해서는 수많은 재료와 부품들이 사용된다. 이들 중에 개별 제품의 주된 재료이거나 개별 제품의 생산에만 사용되는 부품이 있는가 하면, 여러 제품의 생산에 공통으로 사용되는 재료나 부품이 있다. 이때, **제품의 주된 재료와 개별 제품의 생산에만 사용되는 부품은 개별 제품별로 추적 집계할 수 있다. 이들의 원가는 '직접재료원가(direct material cost)'로 분류한다.**
　　반면 **여러 제품에 공통적으로 사용되는 재료나 부품은 개별 제품별로 분리하여 원가를 집계할 수 없다. 이들의 원가는 '간접재료원가(indirect material cost)'로 분류한다.**

　　한편, 하나의 제품을 생산하는 데는 수많은 재료가 사용되며, 복잡한 제품의 경우 수만 개에 이를 수도 있다. 이에 수많은 재료의 원가는 단순히 개별 제품별로 추적 가능한지 그 여부만을 기준으로 직접원가와 간접원가로 구분하지 않는다.
　　원가계산을 할 때 직접원가와 간접원가를 구분하는 또 다른

기준은 '중요성의 원칙'이다. 제품별로 재료원가를 추적 집계하기 위해서는 많은 시간과 노력이 소비된다. 그런데 금액 면에서 전체 재료원가에서 차지하는 비중이 매우 미미한 재료의 경우 비용—효익 측면에서 볼 때 직접재료원가로 분류하여 제품별로 추적 집계할 실익이 없다.

이와 같이 **금액 면에서 중요성이 미미하다고 판단되는 재료의 경우 설령 개별 제품별로 추적이 가능하더라도 '직접재료원가'로 분류하지 않고 '간접재료원가'로 분류한다.**

<참고>

직접원가와 간접원가의 분류와 중요성의 원칙

- 제조원가는 세부 비목(항목)의 제품별 추적 가능성을 판단하여 직접원가와 간접원가로 세분한다. 추적 가능한 원가는 '직접원가'로, 추적 불가능한 원가는 '간접원가'로 구분한다.

- 그러나 제품별로 추적 가능하더라도 직접원가로 분류하지 않는 경우도 있다. 금액 면에서 전체 원가에서 차지하는 비중이 미미할 경우 비용-효과를 고려하여 간접원가로 분류한다.(중요성의 원칙 적용)

| 노무원가의 구분

생산공장에서 생산활동에 직접 종사하는 직원의 인건비는
직접노무원가이고,
생산지원부서에서 일하는 직원의 인건비는 간접노무원가이다.

'직접노무원가(direct labor cost)'는 특정 제품의 생산라인에서 일하는 생산직 직원의 급여 등을 말한다. 다시 말해, 각 제품의 생산을 위해 직접 기여하는 인력에 대해 지급하는 대가는 모두 직접노무원가에 해당한다.

'간접노무원가(indirect labor cost)'는 특정 제품을 생산하는 작업을 직접 수행하지 않고, 그 제품의 생산에 간접적으로 기여하는 인력에 대해 지급하는 대가(급여 등)를 말한다. 예를 들어, 구매부, 설계부, 자재관리부, 시설관리부 등에서 일하는 직원은 여러 제품의 생산을 지원하는 업무를 수행한다. 이들에 대해 지급하는 급여 등은 간접노무원가에 해당한다. 그리고 공장장이 여러 제품의 생산을 관리 감독할 경우 공장장의 급여 등도 간접노무원가로 분류한다.

| 제조경비의 구분

제조경비는 직접경비와 간접경비로 구분할 수 있으나,
원가계산의 편의상 간접원가로 간주한다.

제조경비(factory overhead cost) 또한 개별 제품별 추적 가능성을 기준으로 직접제조경비와 간접제조경비로 구분할 수 있다. 개별 제품의 외주가공비나 전용설비의 감가상각비 등은 개별 제품별로 추적 집계 가능한 직접제조경비에 해당된다.

대부분의 제조경비는 각 제품별로 추적이 어려운 간접원가에 해당된다. 그리고 각 제품별로 추적 집계가 가능한 경우에도 금액 면에서 중요성이 매우 낮거나 각 제품의 생산량 등에 비례하여 발생하기 때문에 굳이 직접제조경비로 분류하여 제품별로 추적 집계할 실익이 없는 경우가 많다. 이에 원가계산의 편의 등을 고려하여 **제조경비는 모두 간접원가로 간주하여 제조간접원가로 처리한다.**

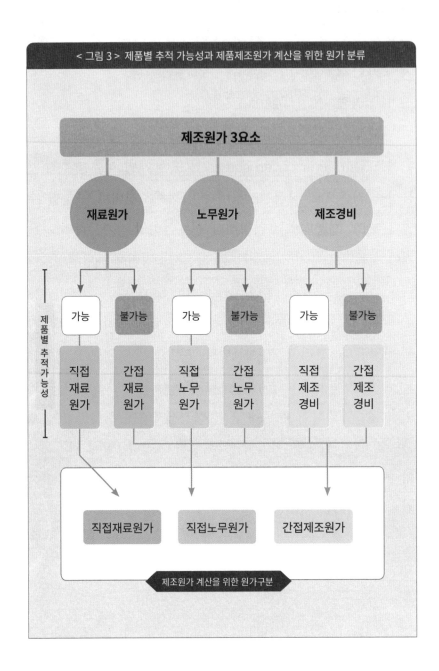

< 그림 3 > 제품별 추적 가능성과 제품제조원가 계산을 위한 원가 분류

직접원가와 간접원가는 원가계산 방법이 다르다

지금까지 우리는 제조원가를 재료원가, 노무원가, 제조경비 3가지로 구분하였다. 그리고 이러한 제조원가 3요소를 각 제품별 추적 가능성을 기준으로 각각 직접원가와 간접원가로 세분할 수 있다는 것을 알게 되었다. 이러한 지식을 기초로, 지금부터는 제품제조원가를 어떻게 계산하는지에 대해 좀 더 자세히 알아본다.

앞서 설명하였지만, **제조원가를 제품별 추적 가능성을 기준으로 직접원가와 간접원가로 구분하는 것은 원가의 성격에 따라 집계하고 계산하는 방식이 다르기 때문이다.**

직접원가(direct cost)는 각 제품별로 추적하여 집계할 수 있다. 따라서 **직접원가는 제품 생산을 위해 투입되는 시점을 기준으로 각 제품별로 구분하여 집계한다.**

간접원가(indirect cost)는 제품생산을 위해 사용되는 시점을 기준으로 각 제품별로 구분하여 추적 집계할 수 없다. 이에 **간접원가는 일정 기간 발생한 전체 원가를 일괄하여 집계한 다음, 이를 일정한 배부기준을 적용하여 각 제품별로 배부하는 방식으로 원가를 계산한다.**

이에 제조원가의 계산을 위해서는 제조원가를 직접재료원가, 직접노무원가, 제조간접원가로 재분류하여 사용한다. 지금부터는 제품제조원가 계산을 위한 원가분류 기준과 원가계산 방법을 정리한다.

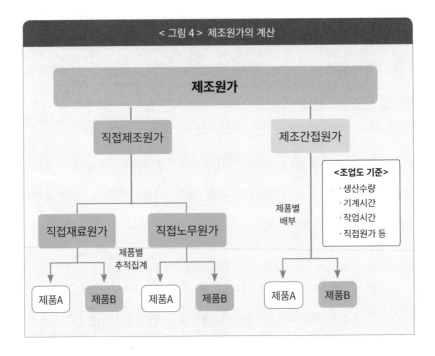

< 그림 4 > 제조원가의 계산

| 직접재료원가(direct material cost)

재료원가 중 각 제품별로 추적 가능한 것은 직접원가에 해당하며, 이를 '**직접재료원가**'라고 한다. **직접재료원가는 각 제품별로 추적 집계하여 계산**한다. 제품의 생산과정에서 재료가 투입되는 시점에 투입량을 기준으로 원가를 계산한다.

| 직접재료원가

홍길동 분식점의 직접재료원가 예상액은 예상 요리단가와 예상 판매량을 근거로
다음과 같이 계산한다.

라면

직접재료(1인분)   **주재료**(생라면 1개, 생수 500mL, 달걀 1개), **부재료**(대파 등)

1인분 원가(예상)   생라면(500원) + 생수(200원) + 달걀(250원) +
대파 등 부재료 (50원) = 1,000원/1인분

월기준 원가(예상)   1인분 원가(예상) x 월 판매량(예상) =
1인분 예상원가(1,000원) x 1일 예상판매량(100인분) x
월평균 영업일수(26일) = 260만 원/월

떡볶이

직접재료(1인분)   **주재료**(어묵 200g, 가래떡 150g), **부재료**(고추장 등)

1인분 원가(예상)   어묵(400원) + 떡(300원) + 고추장 등 부재료(총 100원)
= 800원/1인분

월기준 원가(예상)   1인분 원가(예상) x 월 판매량(예상) =
1인분 예상원가(800원) x 1일 예상판매량 (100인분) x
월평균 영업일수(26일) = 208만 원/월

| Tip | **홍길동 분식점 사례** |

※ 홍길동 분식점이 실제 영업을 하였을 경우, 라면과 떡볶이의 실제 직접재료원가
는 다음과 같은 방법으로 계산한다.

| 직접재료원가

실제 판매량 x 주재료 1인분의 실제가격 + 실제 사용한 부재료의 매입원가

- 실제 판매량 : 원가계산을 하고자 하는 기간(예: 20x3년 5월) 중의 판매실적
- 주재료 1인분의 실제가격 : 원가계산 기간 중 사용한 주재료의 평균 매입가격

  · 주재료 1인분의 매입가격(평균) = 1인분 사용량 x 매입가격(평균)

  · 주재료의 매입가격(평균) = (기초재고량 x 기초재고 평균매입가격 +
     기간 중 총매입액) ÷ (기초재고량 + 기간 중 매입량)

라면 **주재료 1인분의 실제가격**

생라면 1개의 매입가격(평균) + 생수 500ml의 매입가격(평균) +
달걀 1개의 매입가격(평균)

떡볶이 **주재료 1인분의 실제가격**

어묵 200g 매입가격(평균) + 가래떡 150g 매입가격(평균)

- **부재료의 매입원가**

  부재료는 요리할 때마다 그 사용된 양을 일일이 계산하여 재료원가에 반영하지 않는다.
  간접원가와 유사하게 일정 기간 각 요리에 사용한 전체 부재료의 매입원가를 합산
  하여 직접재료원가에 가산한다.

  홍길동 분식점의 예시에서 알 수 있듯이, 부재료는 그 종류가 많은 반면 전체 재료원
  가에서 차지하는 비중이 낮다. 이에 부재료의 매입원가는 기간 중 부재료 매입을 위해
  지출한 금액을 단순 합산하여 계산할 수 있다.

| 직접노무원가(direct labor cost)

노무원가 중 각 제품생산에 직접 종사하는 직원에 대해 지급하는 급여 및 복리후생비 등이 직접노무원가에 해당한다. **직접노무원가는 일정 기간의 각 제품별 노무원가 지출액을 집계하여 계산한다.** 직접노무원가는 보통 원가계산기간 중에 고루 발생한다. 이에 특정 기간의 노무원가는 전체 기간에 지급된 노무원가를 일할 원가로 계산한 다음, 일할 원가에 원가계산 대상 기간의 일수를 곱하여 계산한다.

| 직접노무원가

주방에서 요리를 담당하는 직원은 홍길동 1명이다. 따라서 직접노무원가는 홍길동의 기회원가인 월 350만 원이 된다.

홍길동이 라면 요리와 떡볶이 요리에 똑같은 시간과 노력을 소비한다고 가정한다면, 라면과 떡볶이 요리의 직접노무원가는 각각 월 175만 원이 된다.

 라면

175만 원/월 (= 홍길동 인건비 350만 원 x 홍길동의 활동비율 50%)

떡볶이

175만 원/월 (= 홍길동 인건비 350만 원 x 홍길동의 활동비율 50%)

| 제조간접원가(Factory overhead cost)

제조간접원가는 여러 제품생산 과정에서 공통적으로 사용한 자원의 가치를 말하는 원가개념이다. 제조간접원가는 제조경비 이외에 간접재료원가와 간접노무원가를 포함하는 원가개념이다. 따라서 **제조간접원가는 일정 기간 중에 발생한 공통원가인 간접재료원가, 간접노무원가 및 제조경비를 집계한 다음, 이를 관련된 제품에 조업도 수준 등을 기준으로 배부**한다.

< 참고 >

기초원가와 가공원가

기초원가
(prime cost)
직접재료원가와 직접노무원가를 합산한 것을 말한다. 이들 두 가지 원가는 제품을 제조하기 위해 가장 기본이 되기 때문에 기초원가 또는 기본원가라고 한다.

가공원가
(conversion cost)
직접노무원가와 제조간접원가를 합산한 것을 말한다. 가공원가는 직접 재료를 가공하여 제품을 만드는 과정에서 직접노무원가와 제조간접원가가 발생하기 때문에 붙여진 원가 명칭으로, '가공비', '전환원가'라고도 한다.

Tip | 홍길동 분식점 사례

| 제조간접원가

라면과 떡볶이 요리와 관련된 제조간접원가 예상액을 계산하면 월 120만 원이다.

> 점포 임차 관련원가 39만 원 + 전기가스료 등 50만 원 +
> 주방설비 등 감가상각비 31만 원 = 120만 원/월

● **점포 임차 관련원가(주방 분담액) : 39만 원/월**

· 임차 관련원가 : 월세(100만 원) + 임차보증금 관련원가(18만 원/월)

= 118만 원/월

영업장 임차보증금 관련원가 : 18만 원/월

- 은행대출이자 : 월 13만 원(=3,000만 원 x 5% ÷ 12개월)
- 자기자금 기회원가 : 월 5만 원(= 2,000만 원 x 3%* ÷ 12개월)

* 정기예금 금리가 3%인 것으로 가정함

· 주방 분담액* : 118만 원 ÷ 3 = 39만 원/월

* 점포 임차관련 원가를 면적 기준으로 배분(면적비율, 주방:매장=1:2)

● **주방 전기·가스료, 상·하수도료 등 : 50만 원/월**

● **주방 설비 등 감가상각비 : 31만 원/월**

· 주방 인테리어 비용 :

인테리어비용 1,000만 원 ÷ 감가상각기간 5년 ÷ 12개 = 17만 원/월

· 주방 전기용품 :

대형냉장고 및 식기세척기 600만 원 ÷ 5년 ÷ 12개월 = 10만 원/월

· 요리기구 등 :

요리기구 등 50만 원 ÷ 1년 ÷ 12개월 = 4만 원/월

제조간접원가는 각 제품에 어떻게 배부하는가

직접원가인 직접재료원가와 직접노무원가는 각 제품별로 직접 추적 집계하여 원가를 계산하기 때문에 원가계산에 있어 문제 될 것이 없다. 반면 제조간접원가는 직접원가처럼 각 제품별로 추적 집계할 수 없다. 앞서 설명한 바와 같이, **간접원가는 일정 기간 발생한 전체 원가를 일괄하여 집계한 다음 이를 각 제품별로 배부하는 방식으로 원가를 계산한다.**

제조간접원가를 각 제품의 제조원가에 반영하기 위한 제조간접원가의 배부과정은 다음과 같이 세 단계로 이루어진다.

❶ **먼저 제조간접원가에 해당하는 비목들을 확정한다.** 앞서 설명한 것과 같이 제조간접원가에는 여러 가지 간접재료원가 항목과 간접노무원가 항목은 물론 수많은 제조경비와 관련된 항목들이 있다.

❷ **다음은 이들 비목에서 발생한 원가를 원가계산기간 단위로 일괄해서 제조간접원가로 집계**한다. 직접원가와 달리 각 제품별로 구분하여 집계하지 않는다.

❸ **총 제조간접원가가 집계되었으면, 이를 각 제품별로 배부할**

가장 합리적인 배부기준에 따라 각 제품별로 배부한다. 일반적으로 생산량, 노무시간, 기계시간 등과 같은 조업도를 제조간접원가의 배부기준으로 사용한다.

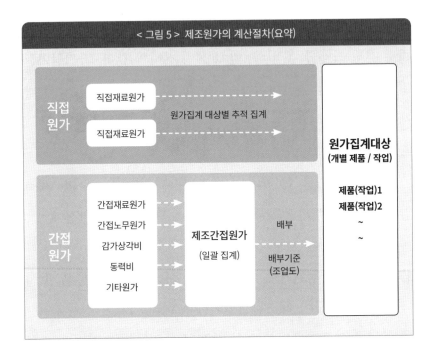

< 그림 5 > 제조원가의 계산절차(요약)

Tip	홍길동 분식점 사례

| 제조간접원가의 배부

제조간접원가(월 120만 원)는 라면과 떡볶이 요리를 위해 발생하는 원가이다. 총 제조간접원가를 두 요리의 판매량 기준으로 배부한다고 가정한다. 홍길동은 두 요리의 판매량을 모두 100인분으로 동일하게 예상하고 있다.

따라서 판매량을 기준으로 두 요리에 배부될 제조간접원가는 각각 월 60만 원이 된다.

• 총 제조간접원가 : 120만 원/월

·라면과 떡볶이의 판매량 비율 : 100인분/200인분 = 50%

·라면과 떡볶이에 대한 제조간접원가 배부액 : 총 제조간접원가 120만 원/월

÷ 판매량 비율 50% = 60만 원/월

※ 홍길동 분식점의 요리원가 계산

지금까지 홍길동 분식점의 라면과 떡볶이의 예상 요리원가를 직접재료원가, 직접노무원가, 제조경비로 구분하여 계산하였다. 이와 같이 계산한 예상 요리원가를 종합 정리하면 다음과 같다.

홍길동 분식점의 요리원가(월)

(단위: 만원)

	라면	떡볶이	합계
직접재료원가(a)	260	208	468
직접노무원가(b) •홍길동 인건비	175	175	350
제조간접원가(c)	60	60	120
요리원가 합계(d=a+b+c)	495	443	938
(홍길동 인건비 제외 시) *	(320)	(268)	(588)
1인분 요리원가(d÷2,600) **	1,904	1,704	
(홍길동 인건비 제외 시) *	(1,231)	(1,031)	

* ( ) 내에 표시된 금액은 홍길동 인건비(기회원가)를 제외하고 계산한 원가이다.

** 1인분 요리원가는 총 제조원가를 월 예상판매량인 2,600인분(1일 판매량 100인분 x 영업일수 26일)으로 나누어 계산하였다. 단위는 원이다.

3

제조원가의 계산 주기

제조원가의 계산 주기는 제조원가 정보의 생산비용과
활용가치를 비교하여 결정한다.

앞선 예시에서 홍길동 분식점은 월 단위로 제조원가를 계산
하였다. 제조원가는 월 단위뿐만 아니라 분기, 반기, 연간 단위
로도 계산할 수 있다.

원가계산에는 많은 시간과 노력이 필요하다. **원가계산 주기
가 짧으면 그만큼 기업 경영자가 적시성 있는 원가정보를 파악
할 수 있어, 경영활동 의사결정에 효율적으로 활용할 수 있는
반면 그만큼 원가계산 비용이 많이 발생한다.**

그러면 제조원가는 어떤 기간 단위로 계산하여야 할까?
원가계산의 주기에 대한 정해진 기준은 없다. 이에 제조원가

계산 주기는 기업의 원가계산 필요성에 따라 선택할 수 있다. 다만, 법인 등의 경우 회계연도 단위로 재무제표를 작성하여 공표하여야 하기 때문에 적어도 회계연도 단위로는 계산하여야 한다.

이러한 원가계산 주기의 선택에 있어 가장 중요한 것은 원가계산 비용과 계산된 원가정보의 이용가치이다. **일반적으로 경영자는 원가계산 주기에 따른 원가계산 비용과 정보가치를 비교하여, 비용-효익 측면에서 가장 유리한 주기를 선택한다.**

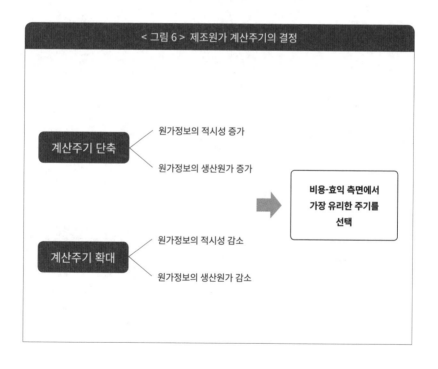

< 그림 6 > 제조원가 계산주기의 결정

Part 4

판매가격 결정과
수익성 분석

CHECK!

홍길동은 라면과 떡볶이의 예상 요리원가를 계산하였다. 이제 홍길동은 예상 요리원가에 근거하여 판매가격을 결정하려 한다. 그런데 홍길동이 분식점을 운영하기 위해서는 요리원가뿐만 아니라 매장 운영관리에도 비용이 발생한다. 판매가격을 정할 때는 분식점 운영에 필요한 모든 비용도 반영하여야 한다. 홍길동은 라면과 떡볶이의 판매가격을 얼마로 정하면 되는 것일까?

Part4에서는 제품 판매가격의 결정방법과 판매가격을 결정했을 때 손실을 보지 않기 위한 판매량, 목표이익 달성을 위한 판매량 등을 구하는 방법, 그리고 수익달성의 안전성은 어떻게 알 수 있는지 등에 대해 알아본다.

1

판매가격의 결정 방법

수요는 가격에 반비례한다

소비자가 제품을 구입하고자 하는 욕구를 수요라고 한다. 소비자의 수요는 제품의 가격, 소득, 기호 등에 의해 영향을 받는데, **다른 조건이 일정하다면 수요는 제품의 가격과 역(−)의 관계에 있다. 제품의 가격이 오르면 수요는 감소하고 가격이 내리면 수요는 증가한다. 이러한 제품의 판매가격과 수요량의 관계를 그래프로 나타낸 것을 '수요곡선(demand curve)'이라고 한다.**

그런데 이 수요곡선은 제품의 판매가격에 따른 판매가능 물량을 나타낸다. 다시 말해, 제품의 판매가격이 결정되면 판매자가 판매할 수 있는 판매량도 수요곡선에 의해 결정된다. 따라서 판매가격과 판매량의 관계도 역(−)의 관계에 성립한다. 가격이 오르면 판매량이 줄어들고 가격이 내리면 판매량이 늘어나게 되는 것이다.

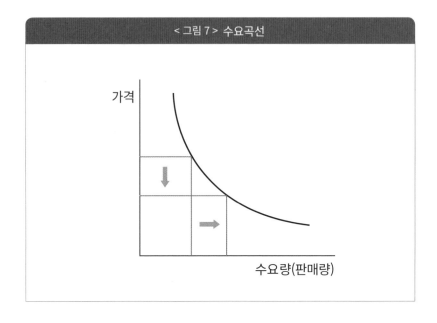

<그림 7> 수요곡선

가격

수요량(판매량)

또한 판매가격과 수요량(판매량)의 관계는 시장의 특성에 영향을 받는다. 가격의 변화보다 수요량의 변화가 더 크게 발생하는 시장도 있고, 가격의 변화보다 수요량이 덜 변화하는 시장도 있다. 이와 같이 **가격변화에 따른 수요량 변화의 민감도를** '**수요의 가격탄력성**'**이라고 한다. 가격변화보다 수요량 변화가 더 큰 시장은** "**수요의 가격탄력성이 크다**"**라고 하며, 그 반대의 경우는** "**수요의 가격탄력성이 작다**"**라고 한다.**

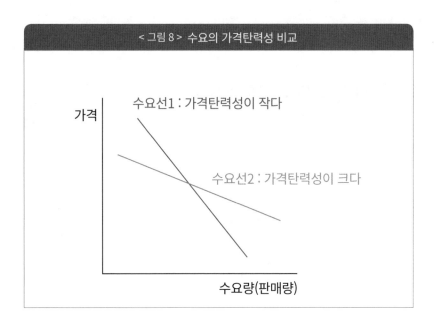

< 그림 8 > 수요의 가격탄력성 비교

수요선1 : 가격탄력성이 작다

가격

수요선2 : 가격탄력성이 크다

수요량(판매량)

시장 형태에 따라 가격결정 방식이 다르다

시장이 완전경쟁일 경우 생산기업은 시장에서 결정되는 가격을 따라야 한다. 시장에서 결정된 가격보다 높게 설정하면 제품이 판매되지 않을 것이고, 시장가격보다 낮게 하면 이익이 줄어들기 때문이다. 이와 같이 <u>**시장가격에 따라 제품의 판매가격을 결정하는 것을 '가격수용자(price-taker)'라고 한다.**</u>

시장이 독과점일 경우 생산기업이 판매가격을 설정한다. 제품의 수요량이 어느 정도 정해져 있는데 공급하는 생산기업이 제한되어 있다. 생산기업은 적정 이익을 달성할 수 있는 가격

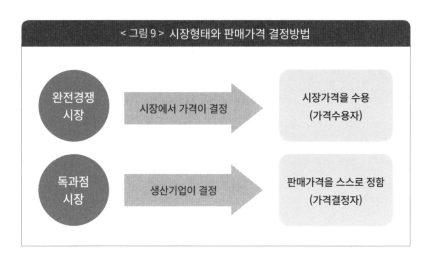

< 그림 9 > 시장형태와 판매가격 결정방법

을 스스로 결정하는 '**가격결정자(price-maker)**'가 되며, 소비자는 생산기업이 결정하는 가격을 수용할 수밖에 없다.[*]

현실에서의 시장은 완전경쟁과 독과점의 중간행태인 독점적 경쟁시장인 경우가 많다. **독점적 경쟁시장에서는 여러 기업이 유사하지만 차별화된 제품을 생산하여 판매한다. 판매가격은 독과점 시장에서와 같이 생산기업이 결정한다.** 그런데 시장은 경쟁시장의 특성을 갖고 있다. 독과점 시장과 달리 제품의 차별성에 따른 가치보다 판매가격이 높게 설정되면 소비자는 다른 유사제품을 구매하게 되는 것이다.

이에 독점적 경쟁시장의 경우 생산기업은 판매가격을 결정하지만 일방적인 가격결정자가 될 수 없고, 소비자는 일방적인 가격수용자가 아닌 것이다. 따라서 생산기업은 소비자의 가격수용 가능성을 고려하여 최적 이익을 달성할 수 있는 가격을 결정한다.

---

[*] 이러한 특성으로 인해 독과점 기업이 부당하게 초과이익을 얻는 것을 예방하기 위해 정부에서는 독과점 기업의 가격결정이 적정한지에 대해 감시하고 필요할 경우 시정조치를 요구하기도 한다.

생산판매량이 증가하면
제품 1단위의 총원가는 줄어든다

원가는 생산판매량에 비례하여 발생하는 변동원가와 생산판매량과 관계없이 일정한 고정원가로 구성된다.

변동원가의 단위당 원가는 생산량이 변하더라도 일정하다. 다시 말해, 변동원가는 생산판매량이 증가하거나 감소하면 단위당 원가를 기준으로 그 증가량 또는 감소량에 비례하여 변하게 된다. 따라서 제품 1단위를 생산판매하는 데 소요되는 단위당 변동원가는 생산판매량에 영향을 받지 않는다.

반면 **고정원가의 경우 생산판매량이 증가하면 단위당 고정원가는 감소하고, 생산판매량이 감소하면 단위당 고정원가는 증가하는 특성이 있다.** 이는 고정원가의 총액은 일정하게 고정되어 있음에 따라 생산판매량이 증가하거나 감소하게 되면 1단위의 고정원가는 감소하거나 증가하게 되는 것이다.

다시 말해, 제품 1단위의 고정원가는 생산판매량과 반대 방향으로 변한다. 이에 **생산판매량이 증가할 경우 제품 단위당 고정원가의 감소 효과로 인해 제품 단위당 총원가는 줄어들게 되고, 이로 인해 제품 1단위의 판매이익은 증가한다.**

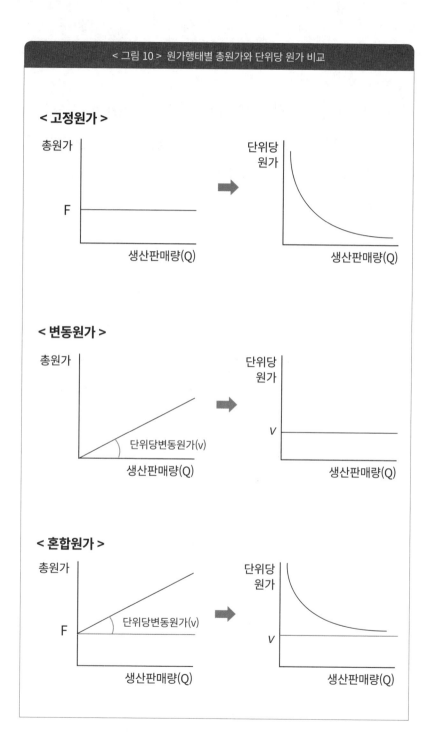

< 그림 10 > 원가행태별 총원가와 단위당 원가 비교

< 고정원가 >

< 변동원가 >

< 혼합원가 >

총원가를 기준으로 판매가격을 결정한다

　제품을 생산판매하는 기업에서 발생하는 원가의 구조를 살펴보면, 제품을 생산하는 제조원가의 비중이 가장 높지만, 제품을 판매하고 기업을 경영하고 관리하기 위한 원가도 발생한다.* 이에 기업의 제품 판매수입은 제조원가뿐만 아니라 제품을 판매하고 기업을 운영관리하는 데 소요된 원가보다 더 많아야 한다.

　기업은 제품가격을 제조원가와 판매관리비를 포함한 총원가에 기초하여 결정하여야 한다. 총매출액이 이러한 총원가보다 많을 때 이익이 발생한다. 이에 기업이 제품 판매가격을 결정할 때는 판매가격에 따른 예상(또는 목표) 판매량을 추정하여, 총매출액이 총원가와 목표이익을 합산한 금액을 달성할 수 있는 판매가격을 찾아야 한다.

판매가격 결정기준

· **총원가** = 제조원가 + 판매관리비

· **판매가격** : 예상 판매량에서 "매출액 = 총원가 + 목표이익"을
　　　　　　 달성할 수 있는 수준으로 결정

---

* 한국은행 기업경영분석(2020년 기준) 자료에 따르면, 우리나라 제조업의 경우 매출액에서 차지하는 매출원가(제조원가) 비중은 81.58%, 판매비와 관리비 비중은 13.81%를 차지한다.

제품 판매가격 결정

제품의 판매가격을 결정할 때는 제품시장의 특성 즉, 제품의 가격 수준에 따른 수요량의 변화를 고려하여야 한다. 그리고 제품 및 기업 특성으로 인한 판매량 수준에 따른 총원가의 변화 등도 고려하여야 한다.

이와 같이 **제품 판매가격은 제품시장의 특성, 제품의 특성, 기업의 특성 등을 종합적으로 반영하여, 기업의 기대이익을 최대화할 수 있는 수준으로 결정한다.**

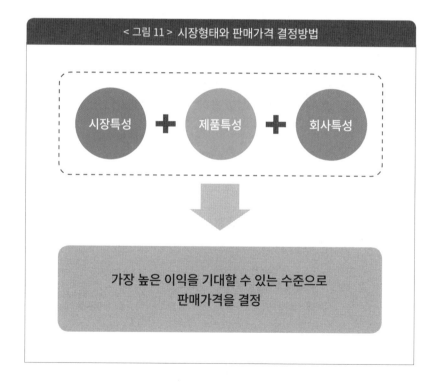

< 그림 11 > 시장형태와 판매가격 결정방법

시장특성 ＋ 제품특성 ＋ 회사특성

가장 높은 이익을 기대할 수 있는 수준으로
판매가격을 결정

지금부터 앞서 계산한 예상 제조원가를 기준으로 홍길동 분식점의 라면과 떡볶이의 판매 가격을 결정해 보자.

분석을 위한 가정

> 홍길동은 분식점 운영을 통해 기대하는 이익은 월 5백만 원이며,
> 분식점을 계속 운영할 수 있는 최대 손실은 월 50만 원*이라고 가정한다.
> * 홍길동 자신의 인건비 350만 원이 요리원가에 반영되어 있으므로,
>   이 경우 홍길동의 수입은 월 300만 원이 된다.

1) 총원가

홍길동 분식점의 총원가는 월 1,394만 원이다.
- **요리원가 :** 월 938만 원/월(앞서 계산한 자료 참조)
- **판매관리비 :** 매장 직원 인건비 **월 300만 원** + 아르바이트생 인건비 **월 156만 원***
  = **456만 원 / 월**
  - 아르바이트생 인건비 : 일 6시간 x 26일 x 1만 원 = 월 156만 원
- **총원가 :** 요리원가 월 938만 원 + 판매관리비 월 456만 원 = **1,394만 원/월**

2) 목표이익 달성을 위한 매출액

홍길동 분식점에서 월 500만 원의 이익을 달성하기 위해 필요한 매출액을 계산하면, 월 1,894만 원이 된다.

- **총 매출액** = 요리원가 + 판매관리비 + 기대이익
  = 월 938만 원 + 월 456만 원 + 월 500만 원 = **1,894만 원/월**

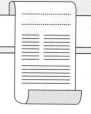

3) 라면과 떡볶이의 목표이익 계산

홍길동 분식점은 라면과 떡볶이를 하루 100인분씩 판매할 수 있을 것으로 예상한다. 그리고 월 목표이익 500만 원을 라면과 떡볶이의 총원가에 비례하여 각각 달성한다고 가정한다.

이러한 가정하에서 라면과 떡볶이에서 달성해야 하는 이익 금액을 계산하면, 각각 **월 260만 원, 월 240만 원**이 된다.

- **라면과 떡볶이의 총원가 비율**

  · 라면 비율 = 723만 원 ÷ 1,394만 원 = 51.9%
  · 떡볶이 비율 = 671만 원 ÷ 1,394만 원 = 48.1%

- **요리별 목표이익 = 목표이익 x 요리별 총원가 비율**

  · 라면 : 500만 원 x 51.9% = 260만 원/월
  · 떡볶이 : 500만 원 x 48.1% = 240만 원/월

4) 목표이익 달성을 위한 매출액

이제 지금까지 계산한 자료를 기초로, 라면과 떡볶이의 목표이익 달성을 위한 매출액을 산출해 보자. (아래 표 참조)

목표이익(월 5백만 원)을 달성하기 위한 라면과 떡볶이의 매출액은 각각 월 983만 원과 월 911만 원이다.

- **라면 목표매출액** = 요리원가 **495**만 원 + 판매관리비 **228**만 원
  + 기대이익 **260**만 원 = **983만 원/월**

- **떡볶이 목표매출액** = 요리원가 **443**만 원 + 판매관리비 **228**만 원
  + 기대이익 **240**만 원 = **911만 원/월**

월 목표매출액에서 월 예상판매량을 나누면 1인분의 판매금액이 된다.
1인분 판매금액은 **라면이 3,781원, 떡볶이가 3,504원**이다.

· **라면 1인분 판매금액 = 983만 원 ÷ 2,600인분 = 3,781원/1인분**
· **떡볶이 1인분 판매금액 = 911만 원 ÷ 2,600인분 = 3,504원/1인분**

5) 판매가격 결정

목표매출액 달성을 위한 1인분 판매금액은 목표이익 달성을 위한 라면과 떡볶이의 최소 판매가격이 된다. 다시 말해 판매가격이 1인분 판매금액보다 낮을 경우 목표하는 이익을 얻을 수 없다.

이에 홍길동은 이러한 원가계산 정보와 주변의 다른 분식점의 판매가격 조사 결과를 참조하여 라면과 떡볶이의 1인분 판매가격을 다음과 같이 결정하였다.

· **라면 1인분 판매가격 : 4,000원**
· **떡볶이 1인분 판매가격 : 3,500원**

홍길동 분식점의 요리원가(월)와 판매가격 결정

(단위 : 만원)

	라면	떡볶이	합계
요리원가(a)	495	443	938
판매관리비(b)	228	228	456
총원가(c=a+b)	723	671	1,394
목표이익(d)	260	240	500
목표 매출액(e=c+d)	983	911	1,894
(1인분 금액 : e÷2,600)*	(3,781)	(3,504)	
판매가격(1인분 기준, 원)	4,000	3,500	

* 1인분 기준은 월 예상판매량인 2,600인분(1일 판매량 100인분 x 영업일수 26일)으로 나누어 계산하였다. 단위는 원이다.

CHECK!

홍길동은 월 500만 원 수준의 이익을 기대하고 라면과 떡볶이의 총원가를 기초로 라면의 판매가격은 4,000원, 떡볶이 판매가격은 3,500원으로 결정하였다.

그런데 홍길동은 이러한 판매가격으로 라면과 떡볶이 영업을 할 때, 최소한 어느 정도 판매하여야 손실을 면할 수 있을지, 그리고 영업을 계속하기 위한 최소 판매량은 얼마가 되어야 하는지 등이 궁금하다.

지금부터는 홍길동 분식점의 요리판매량과 수익성 간의 관계에 대해 알아본다.

2

판매가격에 따른
기대이익 분석

생산판매량을 알면 이익 발생 여부를 알 수 있다

우리는 판매가격이 주어져 있을 때 매출액은 생산판매량에 비례하여 증가하거나 감소할 것이라는 점을 알고 있다. 그리고 매출액에서 매출 관련 총원가를 차감하면 이익을 구할 수 있다는 것도 알고 있다. 이에 생산판매량이 증가하거나 감소하면 매출액과 이익이 같은 비율로 증가하고 감소할 것으로 생각하기 쉽다. 판매가격이 일정할 경우 매출액은 생산판매량의 증감률과 같은 비율로 증감한다. 그런데 이익은 생산판매량의 증감률과 같은 비율로 증가하거나 감소하지 않는다.

지금부터는 생산판매량에 따라 기대할 수 있는 이익의 규모를 계산해 본다. 이를 위해서는 생산판매량에 따른 총매출액과 총원가가 어떻게 계산되는지에 대해 먼저 정리할 필요가 있다.

| 매출액은 생산판매량에 비례하여 증가하고 감소한다

총매출액은 어떻게 계산하는지를 살펴보자. 앞서 우리는 제품의 판매가격의 결정 방법에 대해 알아보았다. 그런데 제품가격은 한번 결정되면, 일정 기간 변경되지 않고 동일한 가격이 유지된다. 따라서 **총매출은 판매가격에 생산판매량을 곱한 금액이 된다.** 이를 식으로 나타내면 다음과 같다.

총매출 = 판매가격(p) x 생산판매량(Q)

| 총원가는 생산판매량과 같은 비율로 증가하고 감소하지 않는다

총원가는 어떻게 계산하는지를 살펴보자. 원가는 생산판매량에 비례하여 발생하는 변동원가와 생산판매량에 무관하게 일정하게 발생하는 고정원가로 구성되어 있다. 이에 **총원가는 총변동원가와 총고정원가를 합산한 금액이 된다.** 이를 식으로 나타내면 다음과 같다.

총원가 = 총변동원가(V) + 총고정원가(F)
= 단위당 변동원가(v) x 생산판매량(Q) + 총고정원가(F)

여기서 우리는 **"총원가는 생산판매량(Q)에 비례하지 않는**
다" 라는 점을 유의할 필요가 있다. 제품을 1단위 생산하는 데
소요되는 단위당 변동원가는 일정하다. 이에 총변동원가는 생
산판매량에 비례하여 발생한다.

그러나 총고정원가는 생산판매량에 영향을 받지 않고 일정
하게 고정되어 있다. 이에 **단위당 고정원가는 생산판매량이 증**
가하면 감소하고, 생산판매량이 감소하면 증가하는 특성을 갖
게 된다. 이러한 고정원가의 특성으로 인해 총원가는 생산판매
량에 비례하여 발생하지 않는다. 생산판매량이 증가하면 총원
가 증가율은 생산판매량의 증가율보다 낮고, 반대로 생산판매
량이 감소하면 총원가 감소율은 생산판매량의 감소율보다 높다.
이는 생산판매량의 증가를 통해 제품 단위당 총원가를 줄일 수
있음을 의미한다.

지금까지 총매출액과 총원가를 계산하는 식을 알아보았다. 〈그
림 12〉는 생산판매량의 변화에 따른 총매출선과 총원가선을 하

나의 도표로 나타낸 것이다. 총매출은 판매가격(p)을 기울기로 생산판매량에 비례하여 증가하는 우상향 직선으로 나타낼 수 있다. 총원가선은 고정원가(F)에서 시작하여 단위당 변동원가(v)를 기울기로 생산판매량에 비례하여 증가하는 우상향 직선으로 나타낼 수 있다.

이와 같이 생산판매량에 따른 **총매출과 총원가를 하나의 그래프에 함께 보여주는 그림을 '원가-조업도-이익 그림(CVP도표)'이라고 한다. CVP도표를 이용하면, 생산판매량이 변할 때 총매출액과 총원가가 어떻게 변화하게 될 것인지와 총매출액과 총원가의 차이 즉, 기대 손익의 변화를 쉽게 이해할 수 있는 장점이 있다.**

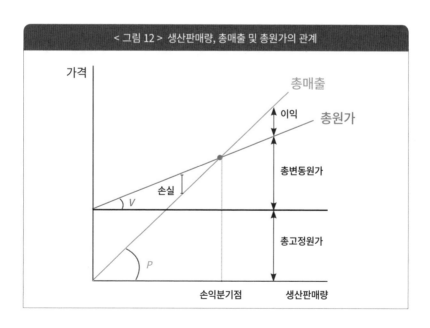

< 그림 12 > 생산판매량, 총매출 및 총원가의 관계

손익분기점이란

〈그림 12〉를 보면서 생산판매량에 따른 총매출액과 총원가의 변화와 기대 손익을 살펴보자.

〈그림 12〉에서 보는 바와 같이, 총매출선의 기울기는 총원가선의 기울기보다 가파르다. 이는 판매가격(p)이 단위당 변동원가(v)보다 크기 때문이다. 이에 따라 생산판매량이 늘어나게 되면 총매출선과 총원가선은 어느 한 점에서 만나게 된다. **총매출선과 총원가선이 만나는 점에서는 총매출액과 총원가가 같아지게 되어 이익이나 손실이 발생하지 않는다.** 생산판매량이 이 점보다 적을 경우 손실이 발생하고, 반대의 경우 이익이 발생한다.

이와 같이 **총매출선과 총원가선이 만나는 점은 손실과 이익이 분기되는 점이라는 의미에서 '손익분기점(Break-Even Point: BEP)'이라고 한다.** 이 손익분기점에 해당하는 생산판매량을 '손익분기점 생산판매량'이라고 하며, 매출액은 '손익분기점 매출액'이라 한다. 경영자는 예상되는 생산판매량을 손익분기점 생산판매량과 비교함으로써 이익이 발생할지 아니면 손실이 발생할지를 사전에 판단할 수 있다.

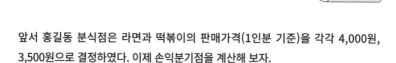

Tip　홍길동 분식점 사례

앞서 홍길동 분식점은 라면과 떡볶이의 판매가격(1인분 기준)을 각각 4,000원, 3,500원으로 결정하였다. 이제 손익분기점을 계산해 보자.

1) 총매출선

먼저, 라면과 떡볶이의 매출액은 각각 판매가격에 판매량을 곱하면 쉽게 구할 수 있다. 이에 라면과 떡볶이의 매출선은 다음과 같이 나타낼 수 있다.

· **라면 매출액** = 4,000원 x 판매량(Q)
· **떡볶이 매출액** = 3,500원 x 판매량(Q)

2) 총원가선

다음은 라면과 떡볶이의 총원가선을 구해 보자. 총원가는 제조원가와 판매관리비를 합한 금액이 된다. 그리고 총원가는 생산판매량에 영향을 받는지 그 여부에 따라 고정원가와 변동원가로 구분하여, 다음과 같은 수식으로 나타낼 수 있다.

$$\text{총원가} = \text{변동원가(V)} + \text{고정원가(F)}$$
$$= \text{단위당 변동원가(}v\text{)} \times \text{판매량(Q)} + \text{고정원가(F)}$$

이에 라면과 떡볶이의 총원가선을 구하기 위해서는 총원가의 세부항목을 생산판매량에 영향을 받는 변동원가와 영향을 받지 않는 고정원가로 구분하여야 한다.

• 재료원가 : 변동원가

홍길동 분식점의 요리원가 중 재료원가는 모두 판매량에 비례하여 발생한다. 따라서 이들은 변동원가로 분류한다. 라면 1인분의 예상 재료원가는 1,000원이고 떡볶이 1인분의 예상 재료원가는 800원이다.

· 라면 재료원가 : 1,000원/1인분
· 떡볶이 재료원가 : 800원/1인분

- **노무원가 : 고정원가**

노무원가는 생산판매량에 비례하는 것은 변동원가로, 일정하게 발생하는 것은 고정원가로 분류한다.

홍길동 분식점에서는 홍길동이 직접 주방에서 요리를 담당한다. 홍길동의 인건비는 요리 판매량에 관계없이 월 350만 원으로 고정되어 있다. 이에 홍길동 분식점의 요리원가 중 노무원가 350만 원은 고정원가로 분류한다.

- **제조간접원가 및 판매관리비**

제조간접원가와 판매관리비는 각 원가항목별로 고정원가인지 아니면 변동원가인지를 검토하여 구분하여야 한다.

홍길동 분식점의 경우, 영업장 임차를 위한 월세, 보증금 기회원가, 인테리어비용 감가상각비, 매장 인건비 등은 고정원가에 해당한다. 주방 전기 · 가스 사용료, 상 · 하수도료 등은 사용량에 따라 요금이 결정되는 변동원가에 해당한다.

| 고정원가

고정원가 합계는 월 621만 원이다. 라면과 떡볶이가 균등 분담한다고 가정할 경우 각각 분담하는 금액은 월 311만 원이 된다.

- **영업장 임차 월세 : 100만 원/월**
- **영업장 임차보증금 관련원가 : 18만 원/월**
- **감가상각비 : 47만 원/월**
  - 매장 및 주방 인테리어 : 33만 원/월(= 2,000만 원 ÷ 5년 ÷ 12개월)
  - 주방 기기 등 : 14만 원/월(= 600만 원 ÷ 5년 ÷ 12개월 + 50만 원 ÷ 12개월)
- **인건비 : 456만 원/월 (매장 직원 및 아르바이트생)**

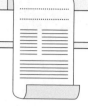

| 변동원가

변동원가는 주방의 전기가스료 등*으로 판매량에 비례하여 발생한다. 이러한 변동원가는 라면과 떡볶이 요리(각각 월 2,600인분)와 관련해서 발생하며, 월 발생액은 50만 원이라고 가정한다. 이러한 가정에 의하면, 주방에서 1인분 요리에 발생하는 변동원가는 96원이 된다.

- 주방 전기·가스료, 상 · 하수도료 등 : 50만 원/월
- 1인분 원가 = 50만 원/월 ÷ 월 판매량 5,200인분 = 96원/1인분

지금까지 홍길동 분식점에서 라면과 떡볶이 요리와 관련된 재료원가, 노무원가, 제조경비, 그리고 판매관리비 예상액을 원가계산을 위해 고정원가와 변동원가로 구분하여 계산하였다.
이러한 계산 결과를 기초로 매월 라면과 떡볶이 요리에 발생하는 총원가를 나타내는 수식은 다음과 같이 정리할 수 있다.

라면

- **변동원가(v)**

  = 직접재료원가 1,000원 + 변동제조간접원가 96원 = 1,096원 / 1인분

- **고정원가(F)**

  = 직접노무원가 월 175만 원 + 제조간접원가 등 월 311만 원 = 486만 원 / 월

- **총원가**

  = 변동원가(V) + 고정원가(F) = 1,096원 x 판매량(Q) + 486만 원

---

* 전기료, 전화료 등이 매장에서 발생하지만, 분석의 편의상 매장에서는 발생하지 않는 것으로 가정한다.

떡볶이

- **변동원가(v)**
  = 직접재료원가 800원 + 변동제조간접원가 96원 = 896원 / 1인분

- **고정원가(F)**
  = 직접노무원가 월 175만 원 + 제조간접원가 등 월 311만 원 = 486만 원 / 월

- **총원가**
  = 변동원가(V) + 고정원가(F) = 896원 x 판매량(Q) + 486만 원

3) 손익분기점 판매량

총매출선과 총원가선을 구하였으므로, 이를 근거로 손익분기점 판매량을 찾아보자.
총매출과 총원가가 일치하는 판매량(Q*)을 계산하면 된다.

라면

- 총매출 = 4,000 Q = 1,096 Q + 486만 원 = 총원가

  ☞ 손익분기점 판매량(Q*) = 1,674인분/월 (65인분/일)

떡볶이

- 총매출 = 3,500 Q = 896 Q + 486만 원 = 총원가

  ☞ 손익분기점 판매량(Q*) = 1,867인분/월 (72인분/일)

> * 홍길동 분식점에서 영업손실이 발생하지 않기 위해서는 라면의 경우
> 월 1,674인분(일 65인분)을, 떡볶이는 월 1,867인분(일 72인분)을
> 각각 판매하여야 한다는 것을 의미한다.

< 홍길동 분식점의 손익분기점 >

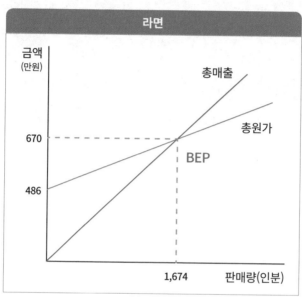

라면

금액
(만원)

총매출

총원가

670

486

BEP

1,674   판매량(인분)

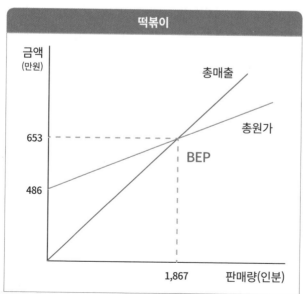

떡볶이

금액
(만원)

총매출

총원가

653

486

BEP

1,867   판매량(인분)

CHECK!

홍길동은 손익분기점 분석을 통해 분식점에서 매일 라면 65인분과 떡볶이 72인분을 판매하면 손실은 발생하지 않는다는 점을 알게 되었다. 그러면 판매량이 손익분기점 판매량보다 많을 경우, 이익은 얼마나 늘어날까?

홍길동은 시장분석 등을 통해 라면과 떡볶이를 매일 100인분을 판매할 것으로 예상하였지만 실제 상황은 어떻게 될지 알 수 없다. 시장 상황에 따라 예상 판매량을 달성할 수도, 달성하지 못할 수도 있는데 이로 인해 이익에는 어느 정도의 영향을 받게 될지를 알 필요가 있다. 즉 판매량의 변화가 이익에 어느 정도 민감하게 반영되는지를 아는 것이 중요하다.

앞서 우리는 총매출과 총원가를 직접 비교하여 총이익 규모를 계산할 수 있었다. 그런데 총매출과 총원가의 직접 비교를 통해서는 총이익 규모를 알 수 있지만, 실제 판매량이 예상이나 특정 상황과 다르게 될 경우 이익이 어느 정도 늘어나고 줄어들지를 알기 어렵다. 왜냐하면 예상되는 생산판매량의 변화 수준별로 총매출액과 총원가를 모두 계산해서 비교하여야 하기 때문이다.

그러면 판매량의 변화가 이익에 어느 정도 영향을 미치는지를 쉽게 알 수 있는 방법은 없을까?

판매량이 증가할 때 이익은 얼마나 늘어나는가

| 단위당 공헌이익을 활용하자

생산판매량이 증가하면 매출과 총원가 규모도 동시에 증가한다. 그런데 매출액은 생산판매량에 비례하여 증가하지만, 총원가는 생산판매량에 비례하여 일정한 비율로 증가하지 않는다. 왜냐하면 총원가는 생산판매량에 비례하는 변동원가와 생산판매량에 무관하게 일정하게 발생하는 고정원가로 구성되어 있기 때문이다.

이에 제품의 생산판매량 증가에 따른 이익 증가액을 파악하기 위해서는 제품 생산판매량이 1단위 증가할 경우 총매출과 총원가가 어떻게 변하는지를 정확히 분석하여야 한다.

앞서 〈그림12〉에서 설명한 총매출과 총원가의 내용을 다시한번 정리해 보자.

총매출액은 생산판매량에 판매가격을 곱한 금액이다. 이는 생산판매량이 증가 또는 감소하면 매출액은 판매가격의 비율로 증가하거나 감소한다는 것을 의미한다. 따라서 생산판매량이 1단위 증가할 경우 총매출액은 1단위의 판매가격만큼 증가하는 것이다.

> **총매출 =** 판매가격(p) x 생산판매량(Q)

　총원가는 총변동원가와 총고정원가를 합한 금액이다. 총변동원가는 제품 1단위를 생산판매할 때 발생하는 변동원가 즉, 단위당 변동원가에 총생산판매량을 곱한 금액이다. 이에 총변동원가는 생산판매량에 비례하여 발생한다. 그런데 총고정원가는 생산판매량에 무관하게 일정한 금액이 발생한다. 따라서 총원가는 다음과 같은 식으로 나타낼 수 있다. 이 총원가식은 생산판매량이 1단위 늘어나면 총원가는 단위당 변동원가(v)만큼 증가한다는 것을 의미한다.

> **총원가(C) =** 총변동원가(V) + 총고정원가(F)
> 　　　　 = 단위당 변동원가(v) x 생산판매량(Q) + 총고정원가(F)

　지금까지 제품 1단위를 생산판매할 때 총매출과 총원가가 어떻게 변화하는지를 수식으로 정리해 보았다. 이제 이와 같은 총매출과 총원가 수식을 통해 생산판매량이 1단위 증가할 때 이익이 얼마나 늘어나는지를 살펴보자.

　우선 생산판매량이 1단위 증가하면 총매출은 1단위의 판매가격(p)만큼 증가한다. 이때 총원가는 단위당 변동원가(v)만큼 증가한다. 이에 우리는 제품 1단위를 더 생산판매하게 되면 판매이익은 판매가격(p)과 단위당 변동원가(v)의 차액만큼 증가하게 된다는 것을 알 수 있다. 이와 같이 **제품의 생산판매량이 1단위 증가할 때 늘어나는 이익을 '단위당 공헌이익(unit contribution margin)'이라 한다.**[*]

> 단위당 공헌이익 = 판매가격(p) - 단위당 변동원가(v)

그리고 제품 1단위를 판매할 때 발생하는 단위당 공헌이익을 판매가격에 대한 비율로 표시한 것을 공헌이익률(ratio of contribution margin)이라고 한다. 이는 판매가격의 몇 %가 이익에 기여하는지를 알려주는 지표가 된다. 예를 들어 "공헌이익률이 30%"라고 하는 것은 매출액이 1원 증가할 때 0.3원의 이익이 추가로 발생한다는 것을 의미한다.

> 공헌이익률 = 단위당 공헌이익 ÷ 판매가격(p)

---

[*] 매출이 이익증가에 공헌(contribution)한다는 의미에서 공헌이익이라는 용어를 사용하며, 제품 1단위를 추가 판매할 때 증가하는 이익의 크기를 단위당 공헌이익이라 한다.

이와 같이 **제품 1단위를 판매할 때 이익이 얼마나 증가하는 지, 즉 단위당 공헌이익을 알게 되면 예상되는 생산판매량의 증감에 따른 이익의 증가 또는 감소 규모를 알 수 있다.** 예상 생산판매량이 현재보다 얼마나 증가 또는 감소할 것인지를 산출한 다음, 여기에 단위당 공헌이익을 곱함으로써 이익 증감액을 쉽게 계산해 낼 수 있다.[*] 또한 공헌이익률을 사용하여 이익 증감액을 구할 수도 있다. 예상 생산판매 금액이 현재보다 얼마나 증가 또는 감소할 것인지를 계산한 다음, 여기에 공헌이익률을 곱한 결과값이 이익증감액이 된다.

이익 증가액(또는 감소액)
= 생산판매의 증가량(또는 감소량) x 단위당 공헌이익
= 생산판매 금액의 증가액(또는 감소액) x 공헌이익률

---

* 또한 현재보다 이익을 증가시키고자 할 때, 이익증가목표가 정해지면 생산판매량의 증가목표도 쉽게 구할 수 있다. 즉 이익증가목표를 단위당 공헌이익으로 나눈 값이 증가시켜야 하는 생산판매량이 된다(생산판매 증가량 = 이익증가목표 ÷ 단위당 공헌이익).

Tip 홍길동 분식점 사례

| 단위당 공헌이익과 공헌이익률

라면

- **단위당 공헌이익**

  = 판매가격 4,000원 - 단위당 변동원가 1,096원 = 2,904원

- **공헌이익률**

  = 단위당 공헌이익 2,904원 ÷ 판매가격 4,000원 = 72.6%

떡볶이

- **단위당 공헌이익**

  = 판매가격 3,500원 - 단위당 변동원가 896원 = 2,604원

- **공헌이익률**

  = 단위당 공헌이익 2,604원 ÷ 판매가격 3,500원 = 74.4%

> 1단위를 판매할 때 증가하는 단위당 공헌이익은 라면이 2,904원
> 으로 떡볶이 2,604원보다 크지만, 매출액이 1원 증가할 때 증가하
> 는 이익의 증가율은 떡볶이가 74.4%로, 라면 72.6%보다 높다.

목표이익을 달성하려면 얼마나 판매하여야 하는가

공헌이익 개념을 사용하면 손익분기점은 물론 목표이익 달성을 위한 생산판매량을 쉽게 구할 수 있다

먼저 공헌이익을 사용하여 손익분기점을 구해 보자.

손익분기점이란 이익이나 손실이 발생하지 않은 생산판매량을 말한다. 앞서 홍길동 분식점의 예시를 통해 손익분기점 생산판매량을 계산해 보았다. 이때 사용하였던 손익분기점을 구하는 방법은 **'총매출과 총원가가 일치되는 생산판매량'**을 찾는 것이었다. 그런데 손익분기점은 다른 방법으로도 계산해 낼 수 있다. 공헌이익을 사용하는 방법이다.

공헌이익을 사용하여 손익분기점 생산판매량을 계산하기 위해서는 제품을 생산판매할 때 생산판매량의 증가에 따라 총이익이 어떻게 변하는지를 이해할 필요가 있다.

〈그림 13〉는 공헌이익의 개념을 사용하여, 생산판매량이 증가할 때 이익이 어떻게 변화하는지를 보여주고 있다. **제품을 전혀 생산판매하지 않을 때 총고정원가(F)에 해당하는 규모의 손실이 발생한다.** 총고정원가는 제품의 생산판매와 무관하게

발생하기 때문이다. 이제 제품의 생산판매량을 증가시켜 나갈 때 손익이 어떻게 변하는지를 살펴보자.

제품 생산판매량을 증가시켜 나갈 경우 손실의 규모는 점차 줄어든다. 제품 1단위를 생산판매하면 1단위의 공헌이익만큼 손실이 줄어들고, 2단위를 생산판매하면 2단위의 공헌이익만큼 손실이 줄어든다. 이와 같이 제품의 생산판매량이 늘어날 때, 생산판매량에 단위당 공헌이익을 곱한 금액, 즉 총공헌이익만큼 손실 규모가 점차 줄어든다. 이렇게 계속해서 **생산판매량을 계속 증가시켜 나가면 어느 생산판매량 수준에서는 총공헌이익이 총고정원가와 일치하게 되고 손실이 '0'이 된다. 이 생산판매량을 '손익분기점 생산판매량'이라 한다.**

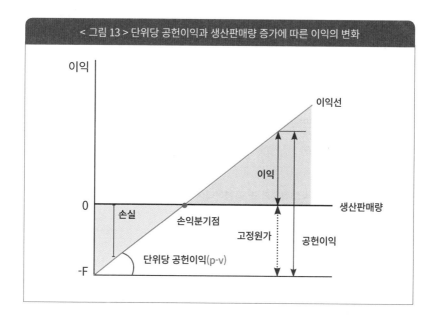

< 그림 13 > 단위당 공헌이익과 생산판매량 증가에 따른 이익의 변화

이와 같이 공헌이익의 개념을 사용하여 손익분기점 생산판매량과 생산판매금액을 구할 수 있는데, 이를 수식으로는 다음과 같이 나타낼 수 있다.

단위당 공헌이익 = 판매가격(p) - 단위당 변동원가(v)
공헌이익률 = 단위당 공헌이익 ÷ 판매가격(p)
손익분기점 생산판매량 = 총고정원가(F) ÷ 단위당 공헌이익
손익분기점 생산판매금액 = 총고정원가(F) ÷ 공헌이익률

Tip	홍길동 분식점 사례

홍길동 분식점의 손익분기점 판매량과 금액을 공헌이익 개념을 사용하여 다시 계산해 보자.

· **손익분기점 판매량 = 고정원가 ÷ 단위당 공헌이익**

라면   월 486만 원 ÷ 2,904원 = 1,674인분/월

떡볶이   월 486만 원 ÷ 2,604원 = 1,867인분/월

· **손익분기점 판매액 = 고정원가 ÷ 공헌이익률**

라면   월 486만 원 ÷ 72.6% = 669만 원/월

떡볶이   월 486만 원 ÷ 74.4% = 653만 원/월

여기서 생산판매량을 계속해서 증가시켜 보자. 이 경우 총공헌이익이 총고정원가보다 많아져 이익이 발생한다. 만약 일정 수준의 이익 즉, 목표이익을 달성하고자 할 경우 생산판매량을 얼마나 더 늘려야 할까?

생산판매량의 총공헌이익이 총고정원가보다 목표이익만큼 더 많아질 때까지 생산판매량을 늘려야 한다. 다시 말해 총공헌이익이 총고정원가와 목표이익의 합한 금액이 되는 수준까지 생산판매량을 증가시킴으로써 목표이익을 달성할 수 있다. 이와 같은 공헌이익을 사용하여 목표이익 달성을 위한 생산판매량과 생산판매액을 구하는 수식은 다음과 같이 정리할 수 있다.

목표이익 달성 생산판매량 = (총고정원가 + 목표이익) ÷ 단위당 공헌이익
목표이익 달성 생산판매금액 = (총고정원가 + 목표이익) ÷ 공헌이익률

홍길동 분식점 사례

홍길동 분식점은 월 500만 원(라면에서 월 260만 원, 떡볶이에서 월 240만 원)의 이익을 달성하고자 한다. 목표이익 달성을 위한 요리별 판매량을 구하여 보자. 라면과 떡볶이의 판매가격 및 원가정보, 그리고 목표이익에 대한 정보는 다음과 같다.

라면 1인분 판매가격 4,000원, 1인분 변동원가 1,096원,
고정원가(월) 486만 원, 목표이익(월) 260만 원

떡볶이 1인분 판매가격 3,500원, 1인분 변동원가 896원,
고정원가(월) 486만 원, 목표이익(월) 240만 원

| 목표이익 달성 판매량

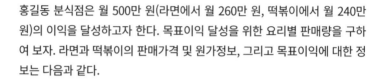

$$목표이익\ 달성\ 판매량 = \frac{총고정원가 + 목표이익}{단위당\ 공헌이익}$$

라면 (486만 원 + 260만 원) ÷ 2,904원 = 2,569인분/월 (99인분/일)

떡볶이 (486만 원 + 240만 원) ÷ 2,604원 = 2,788인분/월 (108인분/일)

3

이익 달성의 안전성 판단

　기업이 현재 이익을 실현하고 있다고 하더라도 향후 시장 여건 등의 변화로 인해 이익을 실현하지 못할 위험은 항상 존재한다. 이에 "주어진 조건에서 이익 실현이 가능하다고 하더라도, 그이익 실현이 어느 정도 안정적으로 달성될 수 있을 것인가?"하는 점은 창업할 때 중요하게 검토하여야 할 사항의 하나이다.

　다시 말해 시장이나 제품의 특성으로 인해 생산판매량이 감소할 위험은 언제나 존재한다. 이에 **기업 경영자는 매출이 예상보다 어느 정도까지 감소해도 계속 이익을 낼 수 있는지를 사업위험관리 차원에서 사전 검토하여 알고 있는 상태에서 매출 상황을 모니터링하여야 한다.**

안전한계는 이익 달성의 안전성을 알려준다

기업이익 달성의 안전성은 실제(또는 예상) 매출액이 손익분기점 매출액을 초과하는 정도로 판단할 수 있다. **실제(또는 예상) 매출액이 손익분기점 매출액을 초과하는 금액을 '안전한계(margin of safety)'라고 한다. 안전한계는 기업의 생산판매량이 감소하더라도 손실이 발생하지 않는 여유 매출액을 의미한다.**

안전한계 = 실제(예상) 매출액 - BEP 매출액

그리고 **실제(예상) 매출액에 대한 안전한계의 비율을 '안전한계율(margin of safety ratio)'이라고 한다.** 안전한계율은 안전한계를 실제(또는 예상) 매출액으로 나눈 값으로, 이익이 계속 발생하기 위한 현재(또는 예상) 매출액의 감소율 한계를 나타낸다. 안전한계율은 향후 매출액이 현재 또는 예상보다 안전한계율 수준까지 감소하더라도 계속 이익 달성이 가능하고, 안전한계율보다 더 많이 감소하게 되면 손실이 발생한다는 것을 의미한다.

안전한계율 = 안전한계 ÷ 실제(예상) 매출액

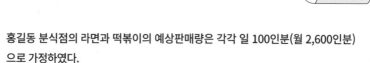

홍길동 분식점의 라면과 떡볶이의 예상판매량은 각각 일 100인분(월 2,600인분)으로 가정하였다.
이 경우 예상매출액의 안전한계와 안전한계율은 다음과 같이 계산된다.

| 안전한계

안전한계 = 예상 매출액 - BEP매출액

> **라면**   예상 매출액(2,600인분 x 4,000원) -
> BEP매출액(1,674인분 x 4,000원) = 3,704,000원

> **떡볶이**   예상 매출액(2,600인분 x 3,500원) -
> BEP매출액(1,867인분 x 3,500원) = 2,565,500원

| 안전한계율

안전한계율 = 안전한계 ÷ 예상 매출액

> **라면**   안전한계(3,704,000원) ÷ 예상 매출액(10,400,000원) = 35.6%

> **떡볶이**   안전한계(2,565,500원) ÷ 예상 매출액(9,100,000원) = 28.2%

안전한계를 높이는 방법이 있다

다른 조건이 모두 같을 경우, 기업의 안전한계가 높아질수록 이익 달성의 안전성은 좋아진다고 판단할 수 있다. 안전한계를 높이는 방법은 크게 두 가지를 예로 들 수 있다.

하나는 매출액을 늘리는 방법이다. 손익분기점 매출액이 주어져 있는 상황하에서는 매출액을 증가시키게 되면 매출액과 손익분기점 매출액과의 차이가 커지게 된다. 이에 매출액이 증가하면 안전한계가 자연적으로 높아진다.

다른 하나는 변동원가를 절감하는 방법이다. 변동원가를 절감하면 제품 1단위를 생산판매할 때 소요되는 단위당 변동원가가 줄어든다. 이러한 단위당 변동원가의 절감은 단위당 공헌이익의 증가로 이어지고 손익분기점 매출액이 줄어들게 된다. 따라서 변동원가를 절감하면 손익분기점 매출액의 감소효과가 발생하여, 현재 매출액을 유지하더라도 안전한계가 높아지는 결과를 만들 수 있다.

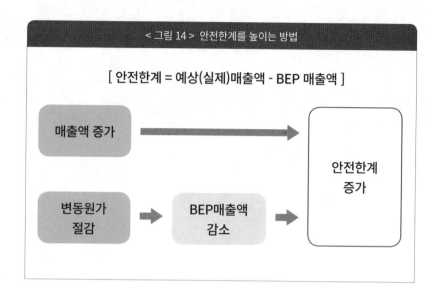

< 그림 14 > 안전한계를 높이는 방법

[안전한계 = 예상(실제)매출액 - BEP 매출액]

매출액 증가 → 안전한계 증가

변동원가 절감 → BEP매출액 감소 → 안전한계 증가

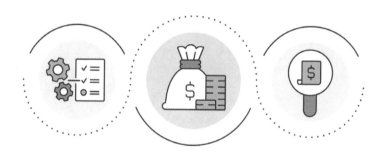

Part 5

제품 생산판매 중단, 신제품 도입, 시설투자 등에 대한 의사결정

CHECK!

홍길동은 분식점을 1년간 운영한 결과, 떡볶이 판매가 예상과 달리 매우 저조하게 나타났다. 분식점 운영에 따른 손익을 개략적으로 계산해 본 결과, 떡볶이 판매에서는 손실이 발생하고 있는 것 같다. 앞으로도 떡볶이 판매가 크게 늘어나지 않을 것 같다. 이에 홍길동은 떡볶이를 판매하지 않으면 이익이 개선될 것 같아 떡볶이 판매 중단을 심각하게 고민 중이다.

홍길동이 떡볶이 판매를 중단하는 것이 분식점 이익 개선에 도움이 되는 것일까? 홍길동은 어떠한 기준으로 이를 판단할 수 있을까?

지금부터 기업에서 적자제품이 있을 경우 적자제품의 판매중단 여부를 어떠한 기준으로 어떻게 판단하여야 하는지에 대해 살펴본다.

1

제품 생산판매 중단에 대한 의사결정

기존 생산판매하고 있는 제품에서 적자가 발생하는 경우, 경영자는 적자 발생 원인을 분석하고 적자를 개선할 수 있는 대책을 마련하여야 한다.

판매가격을 낮춰 판매량을 크게 증가시킬 수 있으면 판매가격을 낮추는 것도 방법이 될 수 있으며, 높은 생산판매원가에 원인이 있다면 다양한 원가절감 방안을 강구하여야 한다. 또한 판매가격 인하, 생산판매원가의 절감으로 적자를 개선할 수 없다면 생산판매 중단도 과감하게 결정할 수 있어야 한다.

그런데 적자 발생 제품의 생산판매를 중단하면 해당 제품에서 발생하던 손실액만큼 기업 전체의 이익이 개선될 것으로 생각하기 쉽다. 그래서 회사의 적자를 줄이기 위해 적자제품의 생산판매 중단을 쉽게 결정하는 경우도 있다.

그러나 회사가 여러 제품을 생산판매하고 있을 때, 어떤 적자 발생 제품의 생산판매를 중단할 경우 기업의 손실을 줄이는 효과가 기대만큼 크지 않거나 심지어 기업의 손실 규모를 더 확대시킬 가능성도 있다. 다시 말해 적자가 발생하는 제품도 계속 생산판매하는 것이 회사 전체의 이익 측면에서 유리할 수도 있다.

지금부터는 기존 적자 발생 제품의 생산판매 중단이 기업 전체의 이익에 부합하는지, 그 여부는 어떻게 판단하는지에 대해 살펴본다.

생산판매의 중단에도 절감하지 못하는 원가가 있다

적자제품을 생산판매할 때 발생하는 총원가는 변동원가와 고정원가 두 가지로 구성된다.

적자제품의 생산판매를 중단할 경우 변동원가는 더 이상 발생하지 않는다. 이에 변동원가에 해당하는 금액은 전액 절감이 가능하다.

그런데 문제는 고정원가이다. 고정원가는 해당 적자제품의 생산판매 중단으로 줄일 수 있는 부분과 줄일 수 없는 부분이 있다. 일반적으로 **적자제품의 생산판매에 따라 발생하던 대부분의 고정원가는 적자제품의 생산판매 중단에도 불구하고 계속 발생한다.** 다시 말해 고정원가는 해당 제품의 생산 중단으로 절감할 수 없는 경우가 많다.

이에 적자제품의 생산판매를 중단할 경우, 이를 통해 절감할 수 있는 원가와 절감할 수 없는 원가를 명확히 구분하여 생산판매 중단의 효과를 분석할 필요가 있다.

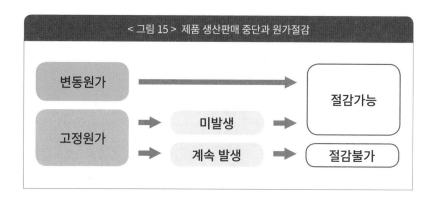

< 그림 15 > 제품 생산판매 중단과 원가절감

생산판매의 중단이 유리한지는 어떻게 알 수 있는가

| 공헌이익을 체크하라

적자제품에서 공헌이익이 발생하고 있는지를 체크하여야 한다. **공헌이익이 발생한다는 것은 제품 판매가격이 변동원가보다 높다는 것을 의미하고, 이는 해당 제품의 생산판매가 기업의 이익에 보탬이 된다는 것을 말한다.**

왜냐하면 공헌이익이 발생하는 제품은 비록 공헌이익이 고정원가를 완전히 충당하지는 못하지만 어느 정도 충당하고 있어, 공헌이익만큼 기업의 손실을 줄여주고 있기 때문이다. 따라서 **공헌이익이 발생하는 제품은 생산판매를 중단할 경우 기업 전체의 손실이 더 커질 수 있음을 유의하여야 한다.**

반면 공헌이익조차 발생하지 않는다면 기업이익 측면에서는 해당 제품의 생산판매 중단을 적극적으로 검토하여야 할 것이다.

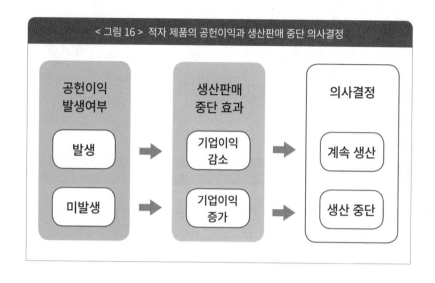
< 그림 16 > 적자 제품의 공헌이익과 생산판매 중단 의사결정

| 절감 가능한 고정원가를 확인하라

적자제품의 생산판매를 중단할 경우, 해당 제품의 생산판매와 관련되어 발생하던 고정원가는 계속 발생하는 경우가 일반적이다. 그런데 **고정원가를 절감할 수 있는 경우도 있다.** 해당 생산판매 시설 등을 다른 제품의 생산판매를 위해 사용할 수 있거나 처분할 수 있다면, 해당 제품의 생산판매 중단으로 고정원가도 절감 효과가 발생한다.

따라서 공헌이익이 발생하고 있는 제품의 경우에도 해당 제품의 생산판매 중단으로 고정원가를 절감할 수 있다면 이 고정원가 절감 효과도 함께 고려하여야 한다. 왜냐하면 해당 제품의 계속 생산으로 인한 공헌이익 규모보다 생산 중단으로 더 많은 고정원가의 절감이 가능하다면 해당 제품의 생산판매 중단이 기업의 이익에 도움이 될 수 있기 때문이다.

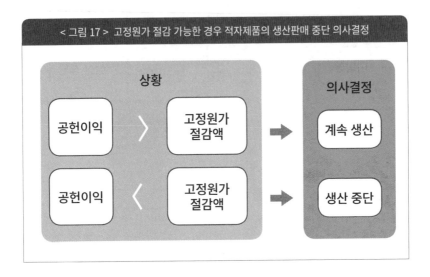

< 그림 17 > 고정원가 절감 가능한 경우 적자제품의 생산판매 중단 의사결정

| 다른 제품과의 연관성을 확인하라

적자제품이 기업의 다른 제품과 보완재 성격을 가질 수도 있고 대체재 성격을 가질 수도 있다. **만약 기업에 적자제품과 보완재 또는 대체재 성격을 가진 다른 제품이 있는 경우 적자제품의 생산판매 중단 여부를 결정할 때는 이들 관련 제품에 대한 영향을 함께 고려하여야 한다.**

다시 말해 적자제품의 생산 중단으로 인한 관련 제품의 수익성 개선 또는 악화 효과도 함께 검토하여, 적자제품의 생산판매 중단이 기업 전체의 이익에 미치는 영향을 종합적으로 판단하여야 한다.

보완재란 어떤 제품의 수요가 증가하면 함께 수요가 증가하는 재화를 말한다. **두 제품이 보완재 관계에 있을 경우 두 제품이 함께 판매될 때 판매량 증가로 이어지는 시너지 효과를 가져온다.** 따라서 적자제품이 다른 제품과 보완재 성격을 가지고 있을 경우, 해당 적자제품의 생산판매 중단은 보완 관계에 있는 다른 제품의 생산판매량 감소로 이어진다.

따라서 적자제품과 보완 관계의 제품이 있을 경우 보완재의 생산판매량 감소에 따른 기업이익의 감소 영향을 함께 반영하여 적자제품의 생산판매 중단이 바람직한지 여부를 판단하여야 한다. 왜냐하면 적자제품의 생산판매 중단으로 증가하는 이익보다 보완재 제품의 생산판매 감소로 인해 줄어드는 이익이 더 클 경우, 적자제품의 생산판매 중단은 신중히 재검토되어야 하기 때문이다.

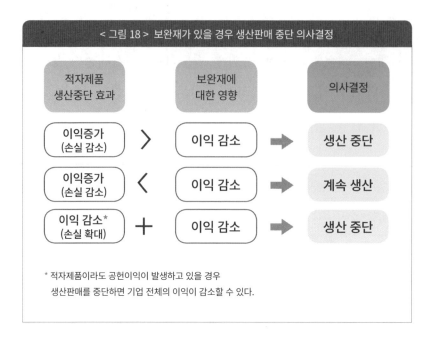

<그림 18> 보완재가 있을 경우 생산판매 중단 의사결정

적자제품 생산중단 효과		보완재에 대한 영향		의사결정
이익증가 (손실 감소)	>	이익 감소	➡	생산 중단
이익증가 (손실 감소)	<	이익 감소	➡	계속 생산
이익 감소* (손실 확대)	+	이익 감소	➡	생산 중단

* 적자제품이라도 공헌이익이 발생하고 있을 경우
생산판매를 중단하면 기업 전체의 이익이 감소할 수 있다.

대체재란 서로 경쟁 관계에 있는 제품을 말한다. 두 제품이 대체 관계가 있을 경우 한 제품의 가격이 상승하면 다른 제품의 수요가 증가하게 된다. 이와 같이 **대체재는 대체 관계에 있는 다른 제품의 생산판매량이 증가할 때 생산판매량이 감소하고, 반대로 다른 제품의 생산판매량이 감소하면 생산판매량이 증가한다.**

따라서 어떤 기업이 적자제품과 대체 관계에 있는 제품이 있을 경우 적자제품의 생산판매를 중단할 경우 다른 대체 관계의 제품에서 더 많은 생산판매량과 이익이 발생하게 된다.

이에 기업에 대체 관계의 제품이 있다면 적자제품에서 공헌이익이 발생하고 있더라도 대체재의 이익증가 규모를 함께 비교하여 적자제품의 생산 중단 여부를 결정하여야 한다. 다시 말해 적자제품의 공헌이익보다 대체재 제품의 이익이 더 많이 증가할 경우 적자제품의 생산 중단이 바람직할 수 있다.

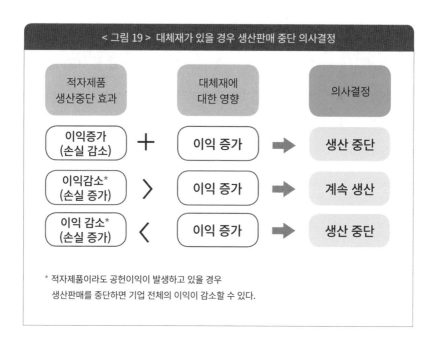

| 증분접근법을 사용하라

증분접근법 관점은 여러 대안을 두고 하나를 선택하는 의사 결정을 할 때, 각 대안의 선택으로 인한 수익과 원가의 증가 및 감소 규모만을 비교 분석하여 의사결정을 하는 방식이다. **증분 접근법은 각 대안의 전체 손익을 모두 계산하여 총액으로 비교**

하지 않고, 각 대안을 선택할 때 손익에 영향을 미치는 내용의 차이 규모만을 비교함으로써 의사결정을 보다 정확하고 용이하게 하는 방식이다.

이와 같은 증분접근법에 의한 의사결정을 하게 되면 각 대안별로 수익과 원가에 미치는 영향에 차이가 나지 않는 사항은 대안 선택에 아무런 영향을 주지 않으므로 검토할 필요가 없다. 오직 선택할 수 있는 대안들 간에 수익과 원가의 차이가 있는 사항에 대해 그 증감액만을 비교하여 올바른 의사결정을 할 수 있다.

증분접근법 관점에서는 선택 대안 간에 차이가 있는 원가와 수익의 증분액만을 비교하여 의사결정을 한다. 이와 같이 **어떠한 의사결정을 할 때 선택 대안 간에 차이가 있어 비교 검토하여야 하는 수익과 원가는 의사결정과 관련되어 있다는 의미에서 '관련손익', '관련수익', '관련원가'라는 용어를 사용한다.**

경영자가 의사결정을 할 때 대안의 선택으로 인해 변하지 않은 수익과 원가는 의사결정에 아무런 영향을 미치지 않으므로 비교 검토할 필요가 없다. 이러한 수익과 원가에 대해서는 '비관련손익', '비관련수익', '비관련원가'라는 용어를 사용한다.

앞서 제품 생산판매 중단과 관련하여 확인해야 할 사항들에 관해 설명하였는데, 이를 증분접근법 관점에서 살펴보면 다음과 같이 이해할 수 있다.

제품의 생산판매 중단 여부는 현재와 중단한 상태의 매출액, 매출원가 등을 모두 반영하여 총이익을 계산한 다음, 이를 비교하여 결정할 수 있다. 그런데 제품 생산판매 중단 여부를 결정할 때 모든 수익과 원가항목을 계산하여 비교 검토할 필요는 없다. **제품 생산판매 중단으로 인해 수익과 원가에 영향을 미치는 사항만을 찾아내어 이들에 대한 영향만을 비교하면 된다.** 영향을 받지 않는 수익과 원가는 제품 생산판매 중단의 의사결정과 아무런 관계가 없으며, 그러한 사항은 의사결정에 영향을 미쳐서도 안 된다는 것을 의미한다.

제품 생산판매 중단 여부에 대한 의사결정을 할 때 "공헌이익의 발생 여부를 확인하라" 하는 것은 생산판매를 중단할 때 공헌이익에 해당하는 금액이 기업이익에 영향을 미치기 때문이다.*

다시 말해 공헌이익이 양(+)의 값일 경우 생산판매 중단은

---

* '일반적으로 제품 생산판매를 중단할 때 고정원가는 계속 발생하는 가운데 매출액과 변동원가만이 감소하게 된다. 따라서 제품 생산판매 중단이 기업이익에 미치는 영향은 매출액과 변동원가의 차이인 공헌이익이 된다.

공헌이익만큼 기업이익의 감소로 이어지며, 공헌이익이 음(−)
의 값일 경우 생산판매 중단은 공헌이익만큼 기업이익의 증가
로 이어진다. 이와 같이 공헌이익은 제품 생산판매 중단에 따
른 증분손익에 해당하므로 의사결정에 고려하여야 하는 '관련
손익'이 된다.

"고정원가의 절감 가능 여부도 확인하라"

고정원가는 제품 생산판매량과 무관하게 일정하게 발생하는
원가를 말한다. 따라서 제품의 생산판매를 중단할 경우 대부분
의 고정원가는 계속 발생한다. 이 경우 고정원가는 제품 생산
판매 중단에 대한 의사결정에 영향을 미치지 않는다. 즉 의사
결정과 무관한 비관련원가인 것이다.

그런데 **제품 생산판매를 중단할 때 일부 생산판매 설비 등을
다른 제품의 생산판매에 활용하거나 외부에 매각함으로써 고
정원가를 절감할 수 있는 경우도 있다. 이러한 경우 생산판매
중단이 기업 전체의 고정원가에 영향을 준다. 이 경우 절감되
는 고정원가는 증분원가에 해당하며, 의사결정을 할 때 고려하
여야 하는 '관련원가'가 되는 것이다.**

한 제품의 생산판매 중단은 다른 제품에 영향을 미치지 않는 경우가 일반적일 수 있다. 그런데 제품들 간에 상호 관련성을 가지는 경우도 있다. **어떤 제품의 생산판매 중단에 대한 의사결정을 할 때는 이로 인해 다른 제품의 생산판매에 미치는 영향을 반드시 확인하고 그 영향의 정도를 반영하여야 한다.**

왜냐하면 어떤 제품의 생산판매 중단 여부가 다른 제품의 생산판매에 영향을 줄 경우 기업 전체의 손익에 영향을 미치기 때문이다. 이와 같은 다른 제품의 생산판매에 대한 영향은 증분손익에 해당되므로 의사결정 시에 고려하여야 한다.

1. 홍길동 분식점 운영상황에 대한 가정

홍길동은 지난 1년간 분식점을 운영하였으며, 그 결과는 다음과 같다고 가정한다. 영업한 일수는 총 312일이었으며, 라면은 일평균 130인분, 떡볶이는 일평균 50인분을 판매하였다. 연간 판매액과 실제 발생한 총원가 및 이익을 분석한 결과는 다음과 같다.

홍길동 분식점 손익현황 (20X3년)

(단위: 만원)

구분		라면	떡볶이	합계
판매수입	연간 판매량(인분) (일평균)	40,560 (130)	15,600 (50)	
	판매가격(원, 1인분)	4,000	3,500	
	연간 판매액	16,224	5,460	21,684
판매원가	총변동원가 (단위당 변동원가, 원)	4,462 (1,100)	1,482 (950)	5,944
	고정원가*	5,826	5,826	11,652
	총원가	10,288	7,308	17,596
영업이익		5,936	-1,848	4,088
평가	목표이익	2,600	2,400	5,000
	목표이익과의 차이	3,336	-4,248	-912

* 홍길동은 라면과 떡볶이 판매량이 같은 수준일 것으로 예상하고 영업점포를 계약하고 인테리어와 주방시설 등에 투자하여 영업하고 있다. 따라서 라면과 떡볶이 원가를 계산할 때, 고정원가 발생액을 라면과 떡볶이에 대해 균등하게 배분하였다.

2. 떡볶이 판매 중단의 영향 분석

지난 1년간 영업 결과, 라면에서는 연간 5,936만 원의 영업이익이 발생하였으나 떡볶이에서는 1,848만 원의 손실이 발생하였다. 이와 같은 영업 상황이 내년에도 지속된다고 할 경우 홍길동은 떡볶이를 계속 판매하여야 하는가?

만약 홍길동이 떡볶이 판매를 중단할 경우 홍길동 분식점의 이익이 어떻게 변하는지를 4가지 상황을 전제하여 살펴보자.

1) 상황 1

> 떡볶이 판매를 중단하더라도 라면 판매에 아무런 영향이 없고, 기존 떡볶이의 고정원가는 절감이 불가능하다.

떡볶이 판매를 중단할 경우

1) 떡볶이 판매수입 5,460만 원이 발생하지 않는다.

2) 그런데 떡볶이 판매원가의 절감 내용을 보면 변동원가 1,482만 원은 절감이 가능하지만 고정원가 5,826만 원은 계속 발생한다.

3) 이에 떡볶이 판매를 중단할 경우 홍길동 분식점의 영업이익은 현재보다 연 3,978만 원 줄어들게 된다.

이는 떡볶이 판매에서 비록 연간 1,830만 원의 손실을 기록하였으나, 떡볶이 1인분을 판매할 때 2,550원의 공헌이익*이 발생하고 있어 떡볶이 판매는 고정원가를 보상하는 데 기여하고 있기 때문이다. 이에 떡볶이 판매를 중단한다는 것은 떡볶이 판매로 얻고 있던 공헌이익(연간 3,978만 원)을 포기하는 의미한다.

* 1인 분 판매 공헌이익 = 판매가격 3,500원 - 단위당 변동원가 950원 = 2,550원

> **의사결정** 떡볶이는 계속 판매하는 것이 유리하다.

떡볶이 판매 중단의 효과 (상황 1)

(단위 : 만원)

구분		현재	판매중단	증분손익
판매수입	연간 판매량(인분) (일평균)	15,600 (50)	— (-)	-15,600 (-50)
	판매가격(원, 1인분)	3,500		
	연간 판매액	5,460	-	-5,460
판매원가	총변동원가	1,482	-	-1,482
	(단위당 변동원가, 원)	(950)	(-)	
	고정원가	5,826	5,826	-
	총원가	7,308	5,826	-1,482
영업이익		-1,848	-5,826	-3,978

2) 상황 2

상황 1과 같이 떡볶이 판매를 중단하더라도 라면 판매에 아무런 영향이 없다. 다만, 떡볶이 판매를 중단할 경우 매장 근무 아르바이트생 없이 직원 1명으로 영업할 수 있다.

떡볶이 판매를 중단할 경우

1) 연 3,978만 원의 공헌이익이 감소한다. (상황1과 같음)

2) 아르바이트생 1명을 고용하지 않을 수 있게 됨에 따라, 고정원가 중 연 1,872만 원의 인건비를 절감할 수 있게 되었다.

3) 이에 홍길동 분식점의 전체 영업이익은 현재보다 연 2,106만 원 줄어든다.

> **의사결정**   떡볶이는 계속 판매하는 것이 유리하다.

떡볶이 판매 중단의 효과 (상황 2)

(단위: 만원)

구분		라면			떡볶이			증분 손익 합계
		현재	판매 중단	증분 손익	현재	판매 중단	증분 손익	
판매 수입	연간 판매량(인분) (일평균)	40,560 (130)	40,560 (130)	- (-)	15,600 (50)	- (-)	-15,600 (-50)	-15,600 (-50)
	판매가격(원, 1인분)	4,000	4,000		3,500			
	연간 판매액	16,224	16,224	-	5,460	-	-5,460	-5,460
판매 원가	총변동원가 (단위당 변동원가, 원)	4,462 (1,100)	4,462 (1,100)	-	1,482 (950)	- (-)	-1,482	-1,482
	고정원가	5,826	4,890	-936	5,826	4,890	-936	-1,872
	총원가	10,288	9,352	-936	7,308	4,890	-2,418	-3,354
영업이익		5,936	6,872	936	-1,848	-4,890	-3,042	-2,106

3) 상황 3

> 라면과 떡볶이는 보완 관계에 있다. 이에 떡볶이 판매를 중단할 경우 라면 판매량이 30% 감소한다. 그리고 매장 근무 아르바이트생 없이 직원 1명으로 영업할 수 있다.

떡볶이 판매를 중단할 경우

1) (상황 2)에서와 같이 떡볶이 판매 관련 공헌이익이 연 3,978만 원 감소한다.
그리고 보완 관계인 라면은 판매량 감소로 인해 라면 판매의 공헌이익이 연 3,528만 원*
줄어들게 된다.

> * 이익감소액은 공헌이익 개념을 사용하면 쉽게 구할 수 있다. 즉, 연간 라면 판매감소량 12,168인분에
> 단위당 공헌이익 2,900원(4,000원-1,100원)을 곱하면 된다

2) 아르바이트생 인건비 절감으로 연 1,872만 원의 고정원가 절감이 가능하다.
3) 이에 홍길동 분식점의 영업이익은 현재보다 연 5,634만 원 감소하게 되고, 결과적으로 연
1,546만 원의 적자로 전환된다.

> 이는 떡볶이 판매를 중단 할 경우, 보완관계가 없는 상황2에서는 연 2,106만 원의 이익
> 이 감소하였는데 보완관계인 라면에서 판매량 감소로 인해 연 3,528만 원의 공헌이익이
> 추가로 감소하였기 때문이다.

> **의사결정**   떡볶이 판매는 계속되어야 한다.

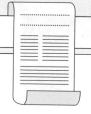

떡볶이 판매 중단의 효과 (상황 3)

(단위: 만원)

구분		라면			떡볶이			증분 손익 합계
		현재	판매 중단	증분 손익	현재	판매 중단	증분 손익	
판매 수입	연간 판매량(인분)	40,560	28,392	-12,168	15,600	-	-15,600	-15,600
	(일평균)	(130)	(130)	(-)	(50)	(-)	(-50)	(-50)
	판매가격(원, 1인분)	4,000	4,000		3,500			
	연간 판매액	16,224	11,357	-4,867	5,460	-	-5,460	-10,327
판매 원가	총변동원가	4,462	3,123	-1,339	1,482	-	-1,482	-2,821
	(단위당 변동원가, 원)	(1,100)	(1,100)		(950)	(-)		
	고정원가	5,826	4,890	-936	5,826	4,890	-936	-1,872
	총원가	10,288	8,013	-2,275	7,308	4,890	-2,418	- 4,693
영업이익		5,936	3,344	-2,592	-1,848	-4,890	-3,042	- 5,634

4) 상황 4

라면과 떡볶이는 대체관계에 있다. 이에 떡볶이 판매를 중단할 경우 라면 판매량이 30% 증가한다. 그리고 매장 근무 아르바이트생 없이 직원 1명으로 영업할 수 있다.

Tip	홍길동 분식점 사례

떡볶이 판매를 중단할 경우

1) (상황 2)에서와 같이 떡볶이 판매 관련 공헌이익이 연 3,978만 원 감소한다.
   그러나 대체 관계인 라면은 판매량의 증가(연간 12,168인분)로 인해 공헌이익이
   연 3,528만 원(=연간 판매익 증가 4,867만 원 -총 변동원가 증가 1,339만원)
   늘어나게 된다.

2) 아르바이트생 인건비 절감으로 연 1,872만 원의 고정원가 절감이 가능하다.

3) 이에 홍길동 분식점의 전체 영업이익이 1,422만 원 늘어나게 된다.
   이는 떡볶이 판매를 중단할 경우 대체관계가 없는 상황2에서 연 2,106만원의 이익이
   감소하였으나, 대체 관계의 라면에서 판매량 증가로 인해 더 큰 공헌이익(3,528만 원)
   을 기대할 수 있기 때문이다.

> **의사결정** 떡볶이 판매를 중단하는 것이 바람직하다.

떡볶이 판매 중단의 효과 (상황 4)

(단위: 만원)

구분		라면			떡볶이			증분 손익 합계
		현재	판매 중단	증분 손익	현재	판매 중단	증분 손익	
판매 수입	연간 판매량(인분)	40,560	52,728	12,168	15,600	-	-15,600	
	(일평균)	(130)	(130)	(-)	(50)	(-)	(-50)	
	판매가격(원, 1인분)	4,000	4,000		3,500			
	연간 판매액	16,224	21,091	4,867	5,460	-	-5,460	-593
판매 원가	총변동원가	4,462	5,801	1,339	1,482	-	-1,482	-143
	(단위당 변동원가, 원)	(1,100)	(1,100)		(950)	(-)		
	고정원가	5,826	4,890	-936	5,826	4,890	-936	-1,872
	총원가	10,288	10,691	403	7,308	4,890	-2,418	-2,015
영업이익		5,936	10,400	4,464	-1,848	-4,890	-3,042	1,422

CHECK!

분식점을 1년간 운영한 홍길동은 분식점 이익을 증가시키기 위해 라면과 떡볶이 외에 김밥을 추가 판매하는 것을 고민하고 있다. 홍길동은 어떠한 기준으로 이를 판단할 수 있을까?

지금부터는 홍길동 분식점에서 김밥을 추가 판매하는 것과 같이, 기업에서 새로운 제품을 도입하고자 할 때 판단하는 기준과 의사결정 방법에 대해 살펴본다.

2

신제품 도입에 대한
의사결정

생산판매 제품을 추가하는 것이 기업의 이익에 도움이 될 것인가 하는 것은 어떻게 판단할 수 있을까?

앞서 적자제품의 생산판매 중단 여부는 생산판매 중단으로 인한 증분손익을 기준으로 판단하였다. 새로운 제품의 추가 여부에 대한 의사결정도 증분손익을 분석하여 판단하면 된다.

새로운 제품을 생산판매하게 되면 수익과 원가가 증가하게 되고 기업 전체의 이익에 영향을 준다. 새로운 제품의 생산판매 여부는 예상되는 여건에서 새로운 제품의 생산판매로 인해 증가하는 수익과 비용, 즉 '증분손익'을 기준으로 판단하여야 한다. 다만, 새로운 제품의 추가는 기존 제품의 생산판매 중단과 그 내용이 다르므로 다음과 같은 점을 추가로 고려할 필요가 있다.

신제품의 시장 특성 등을 고려한 매출 전망

제품별로 수요층이 다르고 소비하는 행태도 다르다. 가격에 대한 민감도 즉, 수요탄력성도 다르다. 따라서 **새로운 제품을 도입하고자 할 경우 가장 우선적으로 신제품 시장의 특성 등에 대해 철저하게 분석할 필요가 있다.**

새로운 제품의 시장 특성 및 제품 자체의 특성 등을 반영하여 시장을 세밀하게 분석하고, 여기에 기업의 영업환경 특성 등을 반영하여 매출액을 예상하여야 한다. 또한 매출액은 정상적 상황을 전제하여 추정하되, 가장 어려운 상황에 대한 매출액도 추정해 보아야 한다.

그리고 **기존 제품의 생산판매에 대한 영향도 검토하여야 한다.** 기존 제품과 아무런 관계가 없을 수도 있고, 기존 제품의 대체재 또는 보완재 성격을 갖고 있을 수도 있다. 기존 제품의 대체재 또는 보완재 성격이 있을 경우, 신제품의 생산판매로 인해 기존 제품 판매량에 미치는 영향도 면밀하게 검토하여 반영하여야 한다.

증분손익이 중요하다

| 증분수익

새로운 제품의 도입 여부에 대한 의사결정을 할 때, 수익 측면에서는 새로운 제품의 도입으로 인한 '모든 증분수익'을 고려하여야 한다. 이러한 증분수익은 의사결정에 영향을 주는 관련수익이다. 그런데 새로운 제품을 생산판매할 경우 새로운 제품에서는 매출 수입이 증가하는 반면 기존 제품에서는 매출 수입이 증가할 수도 있고 감소할 수도 있다.

새로운 제품을 도입하여 생산판매할 때, 증분수익은 새로운 제품과 기존 제품에서 동시에 발생할 수 있다. 이에 증분수익은 새로운 제품의 예상 매출액에 기존 제품의 매출 증감액을 합산하여 계산한다.

< 그림 20 > 신제품 도입의 관련수익

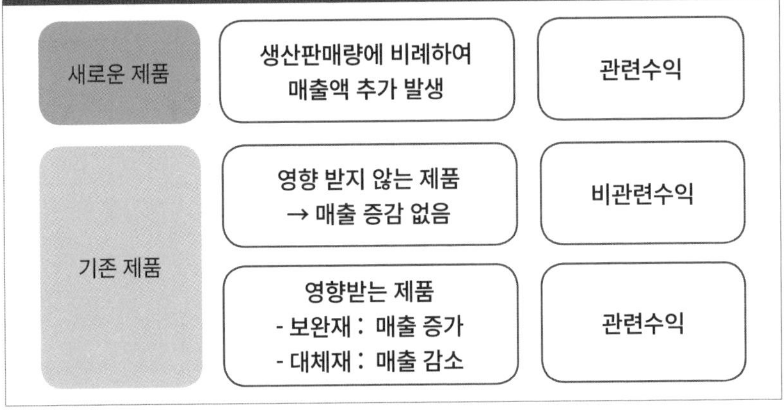

새로운 제품	생산판매량에 비례하여 매출액 추가 발생	관련수익
기존 제품	영향 받지 않는 제품 → 매출 증감 없음	비관련수익
	영향받는 제품 - 보완재 : 매출 증가 - 대체재 : 매출 감소	관련수익

| 증분원가

　제품을 생산판매하는 과정에서는 생산판매량에 비례하여 변동원가가 발생하고 생산판매량과 무관한 고정원가는 일정하게 발생한다. 새로운 제품의 총원가는 생산판매 과정에서 발생하는 이러한 변동원가와 고정원가를 합산하여 계산한다.

　그런데 창업할 때와는 달리, 기존 사업을 영위하는 과정에서 새로운 제품을 도입하여 생산판매하고자 할 때는 이러한 제품의 총원가를 기준으로 의사결정을 하면 잘못된 판단을 내릴 수 있다.

　새로운 제품의 도입 여부를 결정할 때, 원가 측면에서 의사결정에 반영하여야 하는 원가는 해당 제품의 총원가가 아니라 기업 전체 입장에서 해당 제품 도입으로 인해 증가되는 원가, 즉 증분원가이어야 한다. 다시 말해 새로운 제품을 도입할 때 증가하는 증분원가가 의사결정의 판단 근거가 되는 관련원가인 것이다. 이에 재료원가 등 신제품의 생산판매량에 비례하여 발생하는 변동원가는 모두 증분원가로 반영한다.

　그러나 고정원가는 증분원가만을 별도 확인하여 반영하여야 한다. 다시 말해, 신제품을 생산판매하기 위해 새로운 생산판매 시설을 추가하기도 하지만 기존 생산판매 시설 등을 이용하는 경우도 있다.

기존 생산판매 시설 등을 이용할 경우* 고정원가는 추가로 발생하지 않는다. 이 경우 고정원가에서는 증분원가가 발생하지 않으므로 고려할 필요가 없다. 신제품의 생산판매를 위해 새로운 생산판매 시설 등을 추가함으로 인해 증가한 고정원가만을 증분원가로 반영하여야 한다.

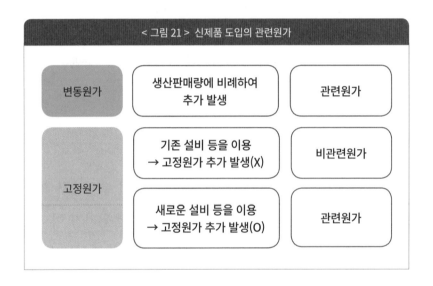

< 그림 21 > 신제품 도입의 관련원가

---

* 예를 들어 기존 생산공장에 제품 생산라인을 설치할 경우 공장건물의 감가상각비는 추가로 발생하지 않는다.

신제품 도입 여부에 대한 판단

어떤 제품의 생산판매에 따른 이익은 해당 제품의 매출액에서 총원가를 차감하여 계산한다. 매출액이 총원가보다 크면 이익이 발생하고, 작으면 손실이 발생하는 것으로 판단한다.

그런데 새로운 제품의 추가 도입 여부를 결정할 때, 이와 같이 총수입과 총원가를 기준으로 판단하면 잘못된 의사결정으로 이어질 수 있다. **경영자는 새로운 제품의 도입으로 인해 증가 또는 감소되는 수익과 원가를 기준으로 새로운 제품의 도입 여부를 판단하여야 한다.**

다시 말해, 새로운 제품의 도입으로 증감이 발생하는 모든 수익과 원가 요소를 파악하여 그 증분액을 집계한 다음, 증분수익에서 증분원가를 차감한 증분이익을 기준으로 판단할 때 올바른 의사결정을 내릴 수 있다.

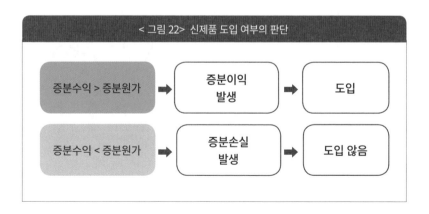

< 그림 22> 신제품 도입 여부의 판단

Tip	홍길동 분식점 사례

1. 상황에 대한 가정

분식점을 1년간 운영한 홍길동은 분식점 이익을 증가시키기 위해 라면과 떡볶이 외에 김밥을 추가 판매하는 것을 고민하고 있다. 홍길동은 어떠한 기준으로 이를 판단할 수 있을까?

다음 두 가지 상황을 가정하여, 김밥을 추가로 판매할 경우 홍길동 분식점의 이익이 얼마나 증가하는지를 분석해 보자.

상황 1

홍길동이 김밥을 추가로 판매할 경우 예상 수입과 원가는 다음과 같다.

· 현 상태에서 추가 인력 투입 없이, 하루 50인분을 만들어 팔 수 있다.

· 김밥 1인분의 예상 재료원가는 1,200원이다.

· 김밥 1인분 판매가격은 4,000원이다.

상황 2

홍길동이 김밥을 추가로 판매할 경우 예상 수입과 원가는 다음과 같다.

(상황 1)과 달리 하루 김밥 50인분을 판매하기 위해서는, 주방에 아르바이트생 1명을 추가 고용하고, 김밥 재료 보관을 위한 냉장고를 추가 구입하여야 한다.

· 주방 아르바이트생 고용 :
 1일 6시간/ 주 6일/ 연 312일 근무, 시간당 1만 원

· 주방 냉장고 추가구입 : 6백만 원, 5년 정액법 상각

2. 상황별 김밥 추가 판매의 손익 분석

상황 1

> · 김밥 판매량 : 일 50인분
> · 김밥 1인분의 예상 재료원가 : 1,200원
> · 김밥 1인분 판매가격 : 4,000원
> · 기존 인력과 장비 등을 활용하여 김밥 판매

먼저, 김밥 판매의 총수입과 총원가를 비교하여 연간 총이익을 계산해 보자.

총수입 연 5,460만 원(= 연간 판매량 15,600인분 x 판매가격 3,500원)

총원가 연 5,756만 원 (= 변동원가 1,872만 원 + 고정원가 3,884만 원)

- 변동원가는 연 1,872만 원(= 1,200원 x 15,600인분) 발생한다.
- 현재 분식점 전체의 총 고정원가는 연 11,652만 원 발생한다.
  이를 라면, 떡볶이, 김밥 3가지 메뉴에서 균등 분담한다고 가정하자.
  이 경우 김밥에서 부담할 고정원가는 연 3,884만 원이 된다.

총이익 연 -296만 원 (= 총수익 5,460만 원 - 총원가 5,756만 원)

> **의사결정** 김밥을 판매할 경우 연 296만 원의 손실이 발생할 것으로 예상된다.
> 따라서 김밥을 추가 메뉴로 판매하지 않아야 한다.

이러한 의사결정이 올바른 것일까?

홍길동 분식점 사례

김밥 판매 손익계산 (총수입과 총원가 비교)

(단위 : 만원)

내역		금액	비고
연간 판매량(인분)		15,600	
(일평균)		(50)	
매출수입	판매가격(원, 1인분)	3,500	
	연간 판매액	5,460	
매출원가	총변동원가	1,872	
	(단위당 변동원가, 원)	(1,200)	
	고정원가	3,884	총 고정원가를 분담
	총원가	5,756	
판매이익		-296	

앞서 손익을 비교하여 의사결정을 할 때는 증분접근법 관점으로 판단하여야 한다고 강조하였다. 김밥의 추가 판매에 따른 손익을 증분손익으로 계산해 보자.

증분수입 연 **5,460만 원** (= 15,600인분 x 3,500원)

증분원가 연 **1,872만 원** (= 15,600인분 x 1,200원)

변동원가만 증가한다. 기존 시설과 인원을 활용하므로 분식점 전체의 고정원가는 증가하지 않는다.

증분이익 연 **3,588만 원** (= 증분수입 5,460만 원 - 증분원가 1,872만 원)

의사결정 김밥을 판매할 경우, 분식점 전체 이익이 현재보다 연 3,588만 원 증가한다. 따라서 김밥을 추가 메뉴로 판매하는 것이 유리하다.

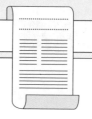

김밥 판매 효과 (상황 1, 증분손익 비교)

(단위 : 만원)

내역		금액	비고
증분수입	연간 판매량(인분)	15,600	
	(일평균)	(50)	
	판매가격(원, 1인분)	3,500	
	연간 판매액	5,460	
증분원가	총변동원가	1,872	
	(단위당 변동원가, 원)	(1,200)	
	고정원가	-	기존 시설 및 직원 활용
	총원가	1,872	
증분이익		3,588	

상황 2

(상황 1)과 달리 주방에 아르바이트생 1명을 추가 고용하고, 김밥 재료 보관을 위한 냉장고를 추가 구입하다.

· 김밥 판매량 : 일 50인분
· 김밥 1인분의 예상 재료원가 : 1,200원
· 김밥 1인분 판매가격 : 4,000원
· 김밥 추가 판매에 따른 인력 등 추가 소요
  - 주방 아르바이트생 1명 고용 (1일 6시간/ 주 6일/ 연 312일 근무, 시간당 1만 원)
  - 주방 냉장고 추가구입: 6백만 원(5년 정액법 상각)

증분접근법 관점에서 증분손익을 계산해 보자.

증분수입 **연 5,460만 원**

증분원가 **연 3,864만 원**

- 증분변동원가 : 연 1,872만 원
- 증분고정원가 : 연 1,992만 원
  - 주방 아르바이트생 인건비 : 연 1,872만 원 (=일 6시간 x 연 312일 x 1만 원)
  - 냉장고 감가상각비 : 연 120만 원(= 600만 원 ÷ 5년)

증분이익 **연 1,596만 원 (= 증분수입 5,460만 원 - 증분원가 3,864만 원)**

의사결정 　 김밥을 판매할 경우 분식점 전체 이익이 연 1,596만 원 증가할 것으로 예상된다. 김밥을 추가 메뉴로 판매하는 것이 유리하다.

김밥 판매 효과 (상황 2, 증분손익 비교)

(단위 : 만원)

내역		금액	비고
증분수입	연간 판매량(인분) (일평균)	15,600 (50)	
	판매가격(원, 1인분)	3,500	
	연간 판매액	5,460	
증분원가	총변동원가 (단위당 변동원가, 원)	1,872 (1,200)	
	고정원가	1,992	아르바이트생 인건비, 냉장고 감가상각비
	총원가	3,864	
증분이익		1,596	

CHECK!

최근 홍길동은 분식점 운영 비용을 절감하기 위해 무인주문시스템 도입을 검토하고 있다. 도입 비용은 시스템 설치비용이 5천만 원이며, 월 10만 원의 운영관리비를 설치회사에 지급하여야 한다. 무인주문시스템을 도입하면 주문과 계산은 손님이 직접 하게 된다. 이에 매장 서비스는 아르바이트생 1명이 담당하면 되어 직원 고용이 필요 없게 됨에 따라 인건비 절감이 가능하다.

이와 같은 상황을 가정할 때 홍길동은 무인주문시스템을 도입하는 것이 분식점 이익에 도움이 되는 것일까?

지금부터는 홍길동과 같이 시설투자를 할 때, 투자 효과를 분석하는 방법에 대해 살펴본다.

3

시설투자에 대한 의사결정

시설투자는 레버리지 효과(leverage effect)를 발생시킨다

일반적으로 시설투자는 생산 및 판매 규모의 확장을 위해 이루어지거나 생산 및 판매활동의 자동화와 효율화를 통한 원가절감을 목적으로 이루어진다. 이러한 시설투자의 확대는 인건비 절감 등으로 제품의 생산판매량에 따라 발생하는 변동원가를 절약할 수 있는 경우가 대부분이다. 반면, 시설투자를 하게되면 그 시설투자 금액은 일정한 기간에 걸쳐 감가상각을 통해 비용으로 처리한다. 이러한 시설투자에 대한 감가상각비는 고정원가로서 생산판매량과 무관하게 일정하게 발생한다.

이와 같이 시설투자의 확대가 고정원가의 증가와 변동원가의 절감을 가져온다는 점은 경영활동의 성과에 미치는 영향이 매우 크다. **시설투자를 통해 변동원가를 절감할 수 있다는 것**

은 제품 1단위를 판매할 때 발생하는 이익인 단위당 공헌이익이 증가한다는 것을 의미한다. 시설투자를 확대하면 생산판매량이 동일하더라도 매출액과 변동원가의 차이 즉, 공헌이익이 증가한다. 이에 생산시설 투자를 확대하고 생산판매량이 증가하게 되면 기업의 수익성은 크게 향상될 수 있다.

그러나 **시설투자를 확대하였으나 생산판매량이 감소하게 되면 증가한 고정원가가 큰 부담으로 작용하게 된다.** 왜냐하면 생산판매량이 감소할 경우 공헌이익이 이전보다 큰 폭으로 감소하기 때문이다.

고정원가의 증가와 변동원가의 감소를 가져오는 시설투자는 매출액이 증가할 때 이익이 이전보다 더 높은 비율로 증가하도록 하는 효과를 발생시킨다. 이는 고정원가가 지렛대 역할을 하여 매출액의 변화율보다 이익 변화율을 더 크게 만들기 때문이다. 이와 같이 **고정원가 비중이 증가할 때 판매량 변화율 대비 이익변동성이 증가하게 되는 것을 레버리지 효과(leverage effect)라 한다.**[*]

---

[*] 지렛대를 사용하면 적은 힘을 들이고도 무거운 물건을 쉽게 들어 올릴 수 있다. 레버리지 효과는 이와 같은 지렛대 효과로 경영학(재무관리)에서 널리 사용되는 용어이다. 고정자산 투자 또는 차입금 조달로 인한 고정원가의 증가는 매출액(수입)의 증감률보다 이익의 증감률이 크게 발생하도록 하는 효과를 발생시키는데 이를 레버리지 효과라고 한다. 이러한 레버리지 효과에는 영업활동에서의 고정원가 증가로 인해 발생하는 영업레버리지 효과와 투자 및 운영자금을 차입금으로 조달함으로써 고정재무비용인 이자비용이 증가하여 발생하는 재무레버리지 효과가 있다.

시설투자의 수익성 판단

생산설비나 자동화설비 등에 대한 투자는 인건비 절감 등으로 제품의 생산판매량에 따라 발생하는 변동원가를 절약할 수 있으나, 생산설비 등의 감가상각비나 자본비용의 발생으로 인한 추가적인 고정원가를 발생시킨다.

이에 **시설투자의 수익성과 타당성 여부는 시설투자로 인한 변동원가 감소액과 시설투자로 인한 고정원가 증가액을 비교하여 판단하여야 한다.** 시설투자로 인한 변동원가 감소액이 고정원가 증가액보다 클 경우 수익성이 있고, 그 반대의 경우 수익성이 없다고 판단할 수 있다. 만약 시설투자로 인해 변동원가의 감소뿐만 아니라 일부 증가하는 내용이 있을 경우 감소액에서 증가액을 차감한 변동원가 순감소액을 기준으로 판단한다. 또한 시설투자로 인해 다른 고정원가의 감소가 가능할 경우 시설투자로 인한 고정원가 증가액에서 다른 고정원가 감소액을 차감한 고정원가 순증가액을 기준으로 판단한다.

> **시설투자 이익** = 변동원가 (순)감소액 - 고정원가 (순)증가액

시설투자의 수익성 여부를 판단할 때에는 그 수익성이 얼마나 안전한가 하는 점도 검토해 보아야 한다. 이를 위해서는 시설투자의 변동원가 감소액과 고정원가 증가액이 일치하여, 시

설투자 이전과 이후의 총원가가 같게 되는 생산판매량 수준을 계산해 보아야 한다. **시설투자 이전과 이후의 총원가가 같아지는 생산판매량을 시설투자의 "무차별점 생산판매량"이라고 한다.**

이러한 시설투자의 무차별점 생산판매량은 증분이익의 개념을 활용하여 다음과 같이 계산할수 있다.

무차별점 생산판매량 = 고정원가 증가액 ÷ 단위당 변동원가 감소액

예를 들어, 어떤 시설투자를 할 경우 매년 2천만 원의 고정원가가 추가 발생하지만 제품 한 개를 생산판매하는데 소요되는 변동원가를 5천 원 절감할 수 있다면, 이 시설투자의 무차별점 생산판매량은 4,000개가 된다.

무차별점 생산판매량 = 20,000,000원 ÷ 5,000원/개 = 4,000개

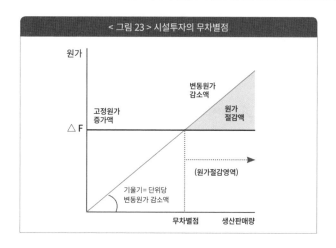

< 그림 23 > 시설투자의 무차별점

시설투자 여부는 시장 상황에 따라 다르다

시설투자의 확대가 레버리지 효과를 증가시킨다는 점은 회사의 수익성과 안전성 측면에서 매우 중요한 의미를 가진다.

수익성 측면에서 보면 생산판매량이 현재 수준보다 증가할 경우 아주 큰 이익을 가져다줄 수 있다. 그런데 생산판매량이 감소할 경우 이익이 큰 폭으로 감소하게 된다. 만약 생산판매량이 시설투자의 무차별점에 못 미치게 되면 큰 손실을 볼 수 있다.

이와 같이 안전성 측면에서 보면 시설투자의 확대는 고정원가가 크게 증가하고 단위당 공헌이익이 높아짐에 따라 시장여건 악화 등으로 생산판매량이 감소할 때 기업이익이 큰 폭으로 줄어드는 부작용을 발생시킨다. 다시 말해 시설투자를 확대할 경우 기업이익의 안전성이 낮아지고 위험도가 높아지게 한다.

이에 설비투자의 확대 여부는 다음과 같은 기준으로 판단할 필요가 있다.

시장 상황이나 회사 전략 등을 검토한 결과, **향후 높은 매출성장세가 있을 것으로 예상되는 경우 설비투자의 확대를 적극 고려할 수 있다.** 설비투자의 확대는 매출이 증가할 때 보다 큰 이익을 얻을 수 있는 데 효과적이기 때문이다.

그러나 **성장세가 둔화되거나 시장 전망이 불투명할 경우에는 시설투자 확대는 신중할 필요가 있다.** 자칫 매출이 감소할 경우 큰 폭의 이익감소는 물론 적자로 이어질 수 있기 때문이다. 이러한 상황에서는 가급적 영업레버리지 효과가 낮아지도록 원가구조*를 가져갈 필요가 있다.

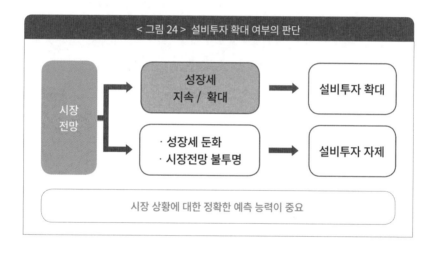

< 그림 24 > 설비투자 확대 여부의 판단

---

* 원가구조란 총원가에서 차지하는 고정원가와 변동원가의 상대적 비율을 의미한다.

홍길동 분식점 사례

1. 상황에 대한 가정

> 홍길동 분식점은 무인주문시스템을 도입할 경우 5천만 원의 설치비용과
> 월 10만 원의 운영관리비가 발생할 것으로 예상한다. 반면 무인주문시스
> 템을 도입하면 손님이 직접 주문과 계산을 함에 따라 아르바이트생 1명
> 이 매장 서비스를 담당할 수 있다. 이에 매장 직원의 인건비를 절약할 수
> 있다(판매량 등 다른 조건은 변하지 않는다).

2. 무인주문시스템 도입 효과 분석

이러한 상황을 가정하여 홍길동 분식점의 무인주문시스템 도입에 따른 효과를 분석
하면 다음과 같다.

증분수입 없음 (판매량에 영향 없음)

증분원가 연 -2,480만원

증가 : 연 1,120만 원
   무인주문시스템 감가상각비(5년 정액 상각) : 5,000만 원 ÷ 5년 = 1,000만 원
   무인주문시스템 운영관리비 : 월 10만 원 x 12개월 = 120만 원

감소 : 연 3,600만 원
   직원 인건비* : 월 300만 원 x 12개월 = 3,600만 원

---

* 직원 인건비: 일반적으로 생산시설에 투자를 하게 되면 제품 생산에 투입되는 작업시간의 절감이 가능
하여 인건비가 절감된다. 이때 절감되는 인건비는 직접노무원가로 변동원가에 해당한다. 그러나 홍길
동 분식점의 경우 인건비가 고정급으로 지급되기 때문에 변동원가의 절감이 아닌 고정원가의 절감으
로 반영하였다.

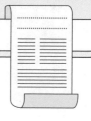

증분이익 **연 2,480만 원**

증분이익 = 증분수입 - 증분원가 = 0 - (1,120 - 3,600) = 2,480만 원

의사결정 무인주문시스템을 도입할 경우 연 2,480만 원의 원가절감이 가능할 것이 예상되므로, 도입하는 것이 바람직하다.

무인주문시스템 도입효과

(단위: 만원)

구분			금액	비고
증분수입	연간 판매액		-	
증분원가	총변동원가		-	
	고정원가	증가	1,120	시스템 감가상각비 및 운영관리비
		감소	-3,600	직원 인건비
	총원가		-2,480	
증분이익			2,480	

Part 6

표준원가제도와 예산제도

CHECK!

홍길동은 지난 2년 동안 분식점을 큰 문제 없이 운영해 왔다. 그런데 분식점을 운영하면서 개선·보완할 사항이 있을 것 같은데, 막상 무엇을 어떻게 개선·보완하여야 할지를 잘 모르겠다. 라면과 떡볶이, 그리고 김밥을 만드는 재료와 부재료 등이 관리가 제대로 되고 있는지, 재료원가는 절감할 방법이 없는지 등이 궁금하지만 마땅히 알 수 있는 방법이 생각나지 않는다.

또한 분식점 운영에서 발생되는 수입과 지출을 체계적으로 관리하여 여유자금을 지금보다는 계획적으로 운영하여야 할 필요성을 느끼고 있다. 앞으로의 주방요리 시설의 교체를 위해 목돈이 필요하고 분식점 확장도 염두에 두고 있기 때문이다.

홍길동은 이러한 문제를 어떻게 해결할 수 있을까?

Part 6에서는 원가통제를 위한 표준원가제도와 계획적이고 효율적인 사업실행을 위한 예산제도의 내용에 대해 살펴본다.

1

표준원가제도

표준원가를 활용하면 계획수립과 예산편성이 용이하다. 생산 시점에서 제품원가를 손쉽게 계산할 수 있다. 그리고 실제 원가가 얼마나 많이 발생하였는지, 무엇이 문제이고 어떻게 개선 보완할 것인지, 그리고 원가를 어떻게 절감할 수 있는지 등에 대한 해답을 찾을 수 있다.

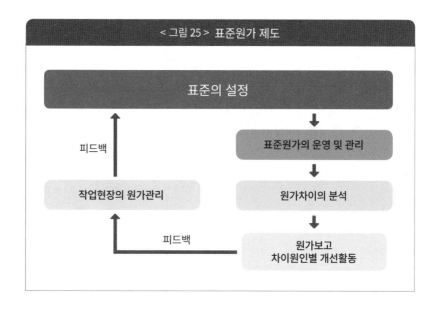

< 그림 25 > 표준원가 제도

표준의 설정

표준원가의 운영 및 관리

원가차이의 분석

원가보고
차이원인별 개선활동

작업현장의 원가관리

피드백

피드백

표준원가의 개념과 유용성

표준원가(standard cost)는 기업이 정상적인 여건에서 제품 및 서비스를 생산 제공하는 데 발생하는 원가를 합리적으로 추정한 금액을 말한다.

제품 1단위 생산에 발생하는 원가 표준을 '단위당 표준원가'라 한다. 단위당 표준원가는 원가요소별로 설정한다. 단위당 표준원가는 제품 1단위 생산에 필요한 원가요소의 표준수량(이를 '단위당 표준수량'이라고 한다)에 원가요소 1단위의 표준가격(이를 '원가요소 단위당 표준가격'이라 한다)을 곱하여 산출한다.

표준원가계산(standard costing)은 원가요소별로 제품단위당 표준원가*를 정하여 두고, 이를 기준으로 실제 생산판매량의 표준원가를 계산하는 원가계산방법을 말한다.

(원가요소별) 제품단위당 표준원가 = 제품 단위당 표준수량 x
원가요소 단위당 표준가격

(원가요소별) 표준원가 = 실제 생산판매량 x 제품단위당 표준원가

---

* 표준원가 계산에서는 직접재료원가, 직접노무원가, (변동·고정)제조간접원가에 대한 각각의 표준원가를 설정한다.

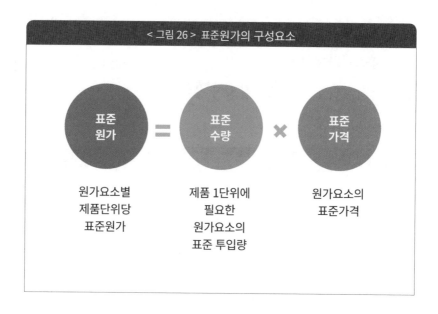

< 그림 26 > 표준원가의 구성요소

표준원가 = 표준수량 × 표준가격

원가요소별
제품단위당
표준원가

제품 1단위에
필요한
원가요소의
표준 투입량

원가요소의
표준가격

이러한 표준원가는 경영자의 경영활동과 관련된 의사결정과 원가통제에 매우 유용하게 사용될 수 있다.

표준원가는 실제 발생한 원가의 비교 기준이 된다. 계획 실행 과정에서 제반 자원을 효율적으로 사용하였는지를 판단할 수 있는 근거가 될 수 있다. 만약 실제 자원의 사용에 비효율이 발생하였다면 그 원인을 파악하여 필요한 조치를 취하여야 하는데, 표준원가는 계획 실행에 있어 어떠한 자원이 효율적으로 사용되었는지 여부를 식별할 수 있는 기준이 된다.

표준원가를 사용하면 제품의 생산 시점에서 제조원가를 손쉽게 알 수 있다. 제품의 생산량에 단위당 표준원가를 곱하여 계산할 수 있기 때문이다. 그리고 표준원가는 생산량 계획에 따른 제조원가예산을 편성하는 기준으로 사용할 수 있다. 이에 연간 사업계획수립과 예산편성이 용이해진다.

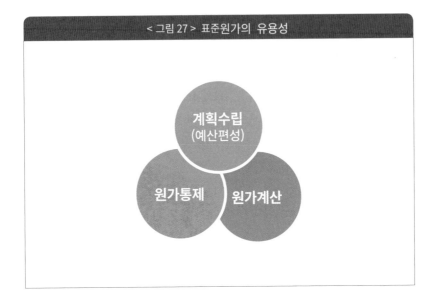

< 그림 27 > 표준원가의 유용성

표준원가의 설정기준

정상적인 여건하에서 제품 한 단위를 생산할 때 발생하는 원가를 '단위당 표준원가'라고 한다. 표준원가계산(standard costing)은 단위당 표준원가를 설정하는 것에서 출발한다. 단위당 표준원가는 이상적인 표준과 달성 가능한 표준이 있다.

이상적인 표준(ideal standard)이란 기업이 최대로 효율적으로 운영되어 모든 자원이 낭비나 부족이 없이 완벽하게 사용될 경우에 달성할 수 있는 표준을 말한다. 이러한 이상적인 표준은 사실상 달성이 불가능하다.

달성 가능한 표준(attainable standard)이란 기업이 효율적인 작업을 통해 달성 가능한 수준을 말한다. 이 수준은 기업의 정상적인 기계 고장, 작업 중지, 기업의 보유기술 수준 등을 고려해서 결정되는데, 보통 기업이 사업계획에 반영하는 성과목표가 된다.

기업이 표준원가를 이상적인 표준으로 설정하게 되면 원가 목표 수준이 너무 높아 목표달성이 불가능하다. 이에 표준원가를 원가통제 목적으로 사용하기 쉽지 않을 뿐만 아니라 직접적인 동기부여 효과를 기대할 수 없다. 이에 기업 경영자는 부문 경영자나 직원들의 동기부여와 도전의식 및 성취감을 높이기 위하여 표준을 높게 설정하되 달성 가능한 수준으로 결정하려고 노력한다.

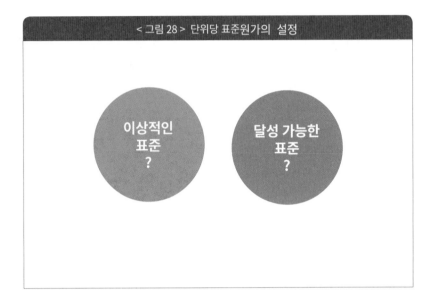

< 그림 28 > 단위당 표준원가의 설정

이상적인 표준 ?

달성 가능한 표준 ?

표준원가의 설정방법

표준원가를 이용하여 제품 제조원가를 계산할 수 있다. 이를 위해서는 제조원가의 원가요소별 표준원가를 설정하여야 한다.

| 표준직접재료원가

제품 한 단위를 생산하는 데 소요되는 직접재료원가의 표준을 '표준직접재료원가'라 한다. 표준직접재료원가는 재료수량의 표준에 재료가격의 표준을 곱하여 계산한다.

> **표준직접재료원가** = 직접재료 표준량 x 직접재료 표준가격

직접재료 표준량은 제품 한 단위를 정상적으로 생산하는 데 투입되어야 하는 직접재료의 양을 의미한다. **직접재료 표준량은 정상적인 작업폐물, 공손, 감손, 증발 등의 발생량을 반영하여 결정한다.**

직접재료 표준가격은 재료 한 단위의 표준구입가격으로, 과거, 현재 및 미래의 시장가격 동향과 예측 자료, 기업의 재료 주문 및 거래방법, 재고유지 정책 등을 고려하여 추정한다.

| 표준직접노무원가

제품 한 단위를 생산하는 데 소요되는 직접노무원가의 표준을 '표준직접노무원가'라 한다. 표준직접노무원가는 생산투입 인력의 표준노무시간과 시간당 표준임률을 곱하여 계산한다.

표준직접노무원가 = 표준노무시간 x 시간당 표준임률

생산투입 인력의 표준노무시간은 제품 한 단위를 정상적으로 생산하는 데 투입되어야 하는 생산인력의 표준노무시간을 의미한다. 종업원의 휴식시간, 기계고장 등으로 인한 작업중단을 고려하여 정한다.

시간당 표준임률은 노무시간당 표준임률로서, 현재의 임률과 노동시장의 임금동향 등을 반영하여 추정한다. 급여, 수당, 복리후생비 등 제반 인건비 성격의 지출을 모두 포함한다.

| 표준제조간접원가

제조간접원가는 변동원가 성격과 고정원가 성격을 가진 다양한 비목으로 구성되어 있다. 따라서 제조간접원가는 변동원가와 고정원가를 구분하여 표준을 각각 설정한다.

< 그림 29 > 표준제조간접원가의 구분

| 표준 변동 제조간접원가 | • 조업도에 따라 변동
 • 간접재료원가, 간접노무원가, 전기료, 연료비, 수선유지비 등 |
| 표준 고정 제조간접원가 | • 조업도와 무관하게 일정
 • 감가상각비, 임차료, 보험료 등 |

| 표준변동제조간접원가

간접재료원가, 간접노무원가, 전기료, 수선유지비 등 조업도에 따라 발생하는 변동제조간접원가는 다음과 같은 방법으로 표준을 설정한다.

ⅰ) 원가동인(cost driver) 선정

먼저 변동제조간접원가는 간접재료원가, 간접노무원가, 전기료, 수선유지비 등과 같이 수많은 비목을 포함하고 있어, 각 비목별로 표준을 설정하기 어렵다. 이에 **변동제조간접원가는 전체 비목을 대상으로 하나의 단일표준을 설정한다.** 전체 변동제조간접원가의 발생과 가장 인과관계가 높다고 판단되는 것을 원가동인으로 선정하고 그 원가동인에 대한 표준을 설정한다.

보통 생산량, 기계시간, 노무시간 등과 같은 조업도를 원가동인으로 사용한다.

ii) 표준조업도 추정

원가동인을 결정하였으면, **제품 한 단위를 생산하는 데 필요한 원가동인의 사용량을 추정한다.** 이를 제품 단위당 원가동인의 '표준조업도' 또는 '표준수량'이라 한다. 이 표준조업도는 변동제조간접원가에 해당하는 각 비목들의 단위당 표준조업도를 합하여 계산한다.

> **표준조업도** = 각 비목의 제품 단위당 표준조업도의 합계

iii) 원가동인 표준배부율 계산

원가동인 1단위에 대해 변동제조간접원가를 배부하는 기준이 되는 표준배부율을 계산한다. 표준배부율은 변동제조간접원가에 해당하는 여러 비목의 연간 발생액 추정치를 합산한 총변동제조간접원가 추정액을 예상 원가동인량으로 나누어 계산한다.

> **원가동인 표준배부율** = 변동제조간접원가 추정액 ÷ 예상 원가동인량

iv) 표준변동제조간접원가 설정

제품 1단위의 제조에 소요되는 표준변동제조간접원가를 설정한다. 표준변동제조간접원가는 제품단위당 원가동인 표준수량에 원가동인당 배부율을 곱하여 계산한다.

> **표준변동제조간접원가** = 원가동인 표준수량 x 원가동인 표준배부율

| 표준고정제조간접원가

공장건물 감가상각비, 기계장치 리스료, 보험료 등과 같이 조업도가 변하더라도 일정하게 발생하는 고정제조간접원가에 대해서도 표준원가를 설정할 수 있다. 이를 '표준고정제조간접원가'라 한다. **표준고정제조간접원가는 제품 한 단위에 포함되는 고정제조간접원가의 표준금액이라는 의미를 담고 있다.**

표준고정제조간접원가를 계산하기 위해서는 고정제조간접원가 예산, 기준조업도, 고정제조간접원가 표준배부율의 개념을 이해할 필요가 있다.

- 고정제조간접원가는 총금액이 원가동인(조업도)과 관계없이 일정하다. **고정제조간접원가 예산은 연간 고정제조**

간접원가 발생액을 추정하여, 원가통제 목적으로 예산에 반영한 금액을 말한다.

- 기준조업도는 고정제조간접원가의 표준배부율을 설정하기 위하여 적용하는 원가동인(조업도) 수준을 말한다. 기준조업도는 이론상 최대조업도, 실제적인 최대조업도, 정상조업도, 기대조업도 등을 사용할 수 있으나, 일반적으로 정상조업도와 기대조업도를 많이 사용한다.

- 고정제조간접원가 표준배부율이란 제품의 표준원가를 계산하기 위하여 제품 단위당 표준조업도 수준에 따라 고정제조간접원가를 반영하는 배부율을 말한다.

표준고정제조간접원가는 다음과 같이 계산한다.

i) 고정제조간접원가 표준배부율 계산

고정제조간접원가 예산을 연간 기준조업도로 나누어 '고정제조간접원가 표준배부율'을 계산한다.

고정제조간접원가 표준배부율 = 고정제조간접원가 예산 ÷ 기준조업도

ii) 표준조업도 추정

연간 기준조업도를 제품 예상(목표)생산량으로 나누어 '제품 단위당 표준조업도' 값을 계산한다.

제품 단위당 표준조업도 = 기준조업도 ÷ 제품 예상생산량

iii) 표준고정제조간접원가 설정

마지막으로, 제품 단위당 표준조업도에 고정제조간접원가 표준배부율을 곱하여 제품별 '표준고정제조간접원가'를 계산한다.

제품별 표준고정제조간접원가 = 제품 단위당 표준조업도 x
고정제조간접원가 표준배부율

표준원가의 활용 : 차이분석

표준원가를 이용하는 주된 목적의 하나는 계획의 실행이 효율적이고 효과적으로 이루어졌는지를 평가하여 필요한 조치를 취하는 것이다. 제한된 자원이 효율적으로 사용되지 못하면 기업이 원하는 목적을 달성하기 어렵고 자원의 낭비가 발생하게 된다.

차이분석은 실제 발생한 원가를 표준원가와 비교하여 그 차이 규모와 내용을 분석한다. 이를 통해 계획을 실행하는 과정에서 자원이 효율적 또는 비효율적으로 사용되었는지를 파악할 수 있으며, 그 원인을 규명하여 자원의 효율적인 사용과 원가절감을 위해 필요한 조치를 취할 수 있다.

| 유리한 차이와 불리한 차이

실제 발생원가와 표준원가의 차이는 유리한 차이와 불리한 차이로 구분할 수 있다.

실제 발생한 원가가 표준원가보다 작은 경우 기업의 이익은 계획보다 많이 발생할 것으로 기대된다. 이에 이러한 차이는 기업에 유리하므로 '유리한 차이'라 한다.

이와 반대로 실제 발생한 원가가 표준원가보다 큰 경우 기업의 이익은 계획보다 줄어들게 된다. 이에 이러한 차이는 기업에 불리하므로 '불리한 차이'라 한다.

실제발생원가 〈 표준원가 ➡ 유리한 차이

실제발생원가 〉 표준원가 ➡ 불리한 차이

| 차이분석 방법

앞서 표준원가는 각 원가요소별로 구분하여 설정하였다. **원가차이도 원가요소별로 분석한다.** 왜냐하면 생산판매 과정에서 각 원가요소를 사용하는 환경이 다르고 담당하는 부서와 직원이 달라, 원가차이 규모와 원인이 다를 수 있기 때문이다. 따라서 차이분석 결과를 원가 집행의 효율성을 파악하여 원가통제 목적으로 사용하기 위해서는 원가요소별로 원가차이를 분석하여야 한다.

그런데 차이분석은 그렇게 쉬운 작업이 아니다. 매우 복잡하여 쉽게 이해하기 어려울 수 있다. 이에 차이분석의 개념을 쉽게 이해할 수 있도록 차이분석의 기본적인 메커니즘을 다음과 같이 간략히 정리하여 설명한다.

① **총 원가차이 규모의 계산**

실제 생산판매량에 대해 단위당 표준원가를 적용하여 계산한 원가(이를 '산출량기준 변동예산'이라 한다)와 실제 발생한 원가(이를 '실제원가'라 한다) 간의 차이를 계산한다. 이 차이를 '변동예산차이'라 한다.

변동예산차이는 실제 생산판매량에서 발생한 실제원가가 표준이 되는 산출량기준 변동예산에 비해 어느 정도 차이가 존재하는지에 대한 정보를 제공한다. 원가차이의 규모와 방향에 대한 총괄적인 정보를 제공하지만, 그 차이의 원인은 알 수 없다.

- **실제원가** = 실제 생산판매량 x
  제품 단위당 원가요소 실제가격
- **산출량기준 변동예산** = 실제 생산판매량 x
  제품 단위당 원가요소 표준가격
- **변동예산차이** = 실제원가 - 산출량기준 변동예산
  = 실제 생산판매량 x (제품 단위당 원가요소 실제가격 -
  제품 단위당 원가요소 표준가격)

② 원가요소의 사용량 차이 계산

실제 생산판매량에 대해 사용한 제품 단위당 원가요소의 실제수량과 표준수량 간의 차이로 인해 발생되는 원가차이를 '능률차이(수량차이)'라 한다. 실제 생산판매량에 대해 사용한 원가요소의 실제수량을 구하고, 여기에 원가요소 단위당 표준가

격을 곱하여 '투입량기준 예산'을 계산한다. 능률차이는 투입량기준 예산에서 산출량기준 변동예산을 차감하여 계산한다.

이 **능률차이는 생산판매를 위해 원가요소를 얼마나 효율적으로 사용하였는지에 대한 정보로서 가치가 있다.** 유리한 능률차이는 원가요소 사용 절감 등 생산판매 활동이 효율적이었을 가능성이 높고, 반대로 불리한 능률차이는 자원의 낭비 등 생산판매 활동이 비효율적이었을 가능성이 높다고 판단할 수 있는 근거가 된다.

- **투입량기준 예산** = 실제 생산판매량 x 제품 단위당 원가요소 실제수량 x 원가요소 단위당 표준가격
- **산출량기준 변동예산** = 실제 생산판매량 x 제품 단위당 원가요소 표준수량 x 원가요소 단위당 표준가격
- **능률차이** = 투입량기준 예산 - 산출량기준 변동예산
  = 실제 생산판매량 x (제품 단위당 원가요소 실제수량 - 제품 단위당 원가요소 표준수량) x 원가요소 단위당 표준가격

③ 원가요소의 가격차이

실제 생산판매량에 대해 사용된 원가요소의 실제가격과 표준가격의 차이로 인해 발생되는 원가차이를 '가격차이(임률차이, 소비차이)'라 한다. 앞서 실제 생산판매량에 사용한 원가요소의 실제수량에 원가요소 단위당 표준가격을 곱하여 '투입량

기준 예산'을 계산한다고 설명하였다.

가격차이는 실제원가에서 투입량기준 예산을 차감하여 계산한다. 이 **가격차이는 생산판매를 위해 사용된 원가요소의 실제 가격의 적정성 여부를 평가할 수 있는 정보로서 가치가 있다.** 가격차이는 시장환경 등 외부여건에 의해 영향을 받는 경우가 많으나, 원가요소 조달활동의 계획성과 적극성을 판단할 수 있는 근거가 될 수 있다.

- **실제원가** = 실제 생산판매량 x 제품 단위당 원가요소 실제수량 x
  원가요소 단위당 실제가격

- **투입량기준 예산** = 실제 생산판매량 x 제품 단위당 원가요소 실제수량 x
  원가요소 단위당 표준가격

- **가격차이** = 실제원가 - 투입량기준 예산
  = 실제 생산판매량 x 제품 단위당 원가요소 실제수량 x
  (원가요소 단위당 실제가격 - 원가요소 단위당 표준가격)

| 차이분석 결과의 활용

원가차이를 분석하는 목적은 생산판매활동 결과를 표준과 비교하여 차이를 분석하고 그 차이의 원인을 밝혀냄으로써 자원을 효율적으로 사용하고, 나아가 원가절감을 도모하기 위함

이다.

원가차이 값을 계산하는 것으로 그친다면 차이분석을 할 아무런 이유가 없다. 따라서 차이분석을 통해 파악한 변동예산차이, 능률차이, 가격차이 정보를 활용하여 차이의 발생 원인을 파악하는 것이 중요하다. 차이의 발생 원인을 정확히 파악할 수 있을 때 필요하고 적절한 개선책을 마련할 수 있다.

차이의 발생 원인은 매우 다양하다. 시장여건 변화 등으로 불가피하게 발생하였을 수도 있고, 관리자의 원가의식 부족과 낭비적 요인에 의해 발생하였을 수도 있다. 아니면 표준의 선정 자체가 잘못되었을 수도 있다.

모든 가능성을 염두에 두고 차이의 원인을 찾아내고, 그 원인을 해소하기 위한 필요한 대책을 마련해 나가면 된다. 그 차이 발생이 통제 가능한 원인에 의해 발생하였으면 원가절감을 위한 개선방안을 적극적으로 마련하여야 한다. 그 차이가 통제 불가능한 요인에 의해 발생하였으면 표준사용량과 표준가격을 조정하는 것도 고려하여야 한다.

원가차이분석에서 유의하여야 할 사항은 "유리한 차이가 바람직하고, 불리한 차이는 바람직하지 않다"라는 것을 의미하지 않는다는 점이다. 유리한 차이는 원가표준이 너무 낮게(쉽게) 설정되었거나 외적 요인에 의해 발생하였을 수도 있다. 불리한

차이는 원가표준이 너무 높게(어렵게) 설정되었거나 통제 불가
능한 요인에 의해 발생하였을 수 있다. 객관적 시각에서 원가
차이의 발생 원인을 파악해 나가는 것이 중요하다.

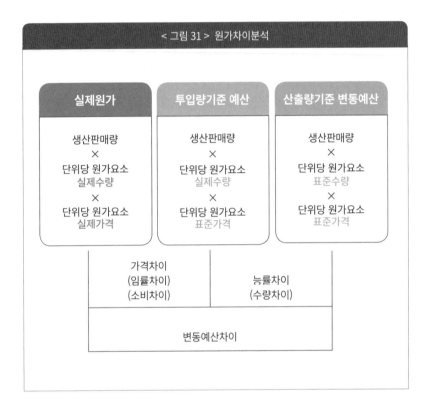

< 그림 31 > 원가차이분석

| Tip | 홍길동 분식점 사례 |

" 홍길동 분식점에서도 표준원가제도를 활용할 수 있을까?"

물론 활용할 수 있다. 홍길동 분식점에서 가장 중요한 것은 재료원가이다.
표준원가제도를 활용하여 재료원가를 어떻게 효과적으로 관리할 수 있는지에 대하
여 라면 요리에 대한 예시를 통해 살펴보자.

| 표준재료원가 정하기

지난 2년의 사업 경험을 통해 홍길동 분식점만의 요리 레시피에 따라 각 요리별 사
용되는 재료들의 종류와 표준사용량을 정할 수 있다.
또한 시장조사 및 과거 경험을 통해 각 사용재료들을 얼마의 가격으로 구입할 수 있
을지를 예상해 볼 수 있다. 이러한 예상을 근거로 연간 평균적인 재료의 가격을 표
준가격으로 정한다.
이와 같이 각 요리별 재료의 표준사용량과 표준가격을 정하였으면 표준재료원가를
구할 수 있다.

> **표준재료원가 =** 재료 표준사용량 x 재료 표준가격

좀 더 구체적으로 라면 1인분에 대한 표준재료원가를 계산해 보자.

라면 1인분 요리에 사용되는 재료의 표준사용량과 표준가격은 다음과 같다고 하자.
이 경우 라면 1인분의 표준재료원가는 1,000원이 된다.

> **표준재료원가 =** 생라면 500원 + 생수 200원 +
> 달걀 250원 + 부재료 50원 = 1,000원/1인분

라면 1인분의 재료원가 (표준)

	생라면	생수	달걀	부재료	합계
표준사용량	1개	500mL	1개	약간	
단위당 표준가격	500원/1개	40원/100mL	250원/1개	50원/1인분	
표준재료원가	500원	200원	250원	50원	1,000원

| **차이분석을 통한 원가통제**

상황에 대한 가정

> 연말에 라면 실제판매량을 집계해보니 연간 34만 인분을 판매하였다. 그
> 리고 라면의 재료구입대금으로 지출한 금액은 3억 7,400만 원이었다. 라
> 면 1인분을 요리하는 데 재료원가로 1,100원이 지출되었다.

이러한 상황에서 표준원가는 원가통제를 위해 어떻게 활용될 수 있는지를 살펴보자.

재료비가 표준보다 10% 초과 지출되었다

라면 1개의 표준재료원가는 1,000원이다. 따라서 34만 개를 판매하였다면 표준
재료원가에 의한 재료비는 3억 4,000만 원이다. 그런데 실제 재료비 지출액은 3
억 7,400만 원이다. 표준에 비해 3,400만 원 초과 지출된 것이다. 재료비가 표준
보다 10% 초과 지출되었음을 알 수 있다. 이러한 재료비 초과 지출액을 라면 1
인분 기준으로 계산해 보면, 표준원가와 실제원가 간에 100원의 차이가 발생하
였다.

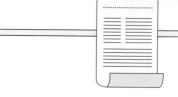

재료별 원가차이와 차이 원인을 파악하다

재료원가가 표준보다 10% 초과 지출되었다는 사실만 확인하고 끝나면 표준원가를 사용하는 의미가 크지 않다. 재료의 실제원가와 표준원가의 차이에 대한 세부적인 원인을 분석해 보아야 한다.

이제 라면 요리에 사용된 세부 재료의 실제 사용량과 가격이 아래와 같이 주어졌을 경우를 가정하고, 실제원가를 표준원가와 비교해 보자.

라면 1개 요리에 사용한 재료원가 (실제)

	생라면	생수	달걀	부재료
사용량	1개	550mL	1개	약간
단위당가격	550원/1개	40원/100mL	275원/1개	55원/1인분

우선 재료의 사용량을 보면 생수가 표준보다 10% 더 많이 사용되었음을 알 수 있다. 나머지 재료는 표준량대로 사용되었다.
재료의 가격을 보면 생라면, 달걀, 그리고 부재료의 가격이 표준보다 10% 높게 발생하였다.

라면 요리 재료의 차이분석 (1인분 기준)

		생라면	생수	달걀	부재료
사용량	**표준**	1개	500mL	1개	약간
	실제	1개	550mL	1개	약간
	차이	-	50mL	-	-
단위당가격	**표준**	500원/1개	40원/100mL	250원/1개	50원/1인분
	실제	550원/1개	40원/100mL	275원/1개	55원/1인분
	차이	50원/1개	-	25원/1개	5원/1인분

차이 발생의 원인을 파악하여 원가절감을 도모하다

재료원가의 차이가 어느 재료에서 어떻게 발생하였는지를 파악하였다.

마지막으로 해야 할 것은 그러한 차이의 발생 원인을 파악하는 것이다. 차이가 어떠한 원인으로 발생하였는지를 밝혀내고 필요한 개선책을 마련하는 것이다.

먼저 재료의 사용량에서 생수가 10% 초과 사용되었다. 생수가 표준양보다 많이 사용될 수 있는 경우를 생각해 보면, 첫째 표준사용량이 너무 낮게 설정되어 있는 데기인할 수 있다. 둘째 라면 요리할 때 생수가 낭비되고 있을 수도 있다. 셋째, 생수가 라면 요리 이외의 다른 용도로 사용되고 있을 수도 있다. 이 이외에도 다른 가능성도 얼마든지 있을 수 있다.

홍길동은 이런 점을 염두에 두고 실제 주방에서 생수를 사용하는 과정을 면밀하게점검해서 보았다. 그 결과 생수 사용량이 표준량보다 많은 것은 요리 과정에서 미사용 생수가 낭비될 뿐만 아니라 생수의 관리체계가 미흡하기 때문인 것으로 확인되었다. 이에 생수의 보관 위치 및 미사용 생수의 보관 방법을 개선하여 생수 사용량을 줄이도록 하였다.

재료의 가격을 보면, 라면, 달걀 및 부재료의 가격이 표준가격보다 각각 10% 높은것으로 나타났다. 실제가격이 높게 나타난 것은 물가상승 또는 해당 재료의 판매가격 상승에 기인하였을 수도 있다. 재료의 구매과정이 비효율적이어서 발생하였을수도 있다. 재료의 신선도 유지를 위해 구매방법을 바꾸었기 때문일 수도 있다.

홍길동은 이러한 모든 가능성을 두고 원인을 찾아보았다. 그 결과 라면과 달걀은 시장가격의 변동으로 불가피한 것으로 확인되었다. 이러한 시장가격 변동 영향은 다음 연도의 표준가격 설정 시에 반영하기로 하였다.
반면 부재료의 경우 부재료의 매입 및 관리방법에 비효율이 존재하기 때문인 것으로 판단하였다. 이에 부재료의 매입과 관리를 개선하기 위하여 주방의 부재료 보관방법 변경 등 필요한 조치를 취하였다.

CHECK!

많은 일반 가정에서도 가계부를 쓰고 있다. 미리 가계의 수입과 지출할 계획을 예상하고, 실제 지출내용을 매일 기록한다. 그리고 일주일, 한 달 주기로 수입과 지출내용을 정리한다.

이렇게 가계부를 쓰는 이유는 무엇일까? 가계의 수입은 제한되어 있고 사용할 곳은 많기 때문이다. 제한된 수입을 언제 어떻게 무슨 용도로 사용할 것인지를 계획하지 않으면 항상 쓸 돈이 부족하고 정작 필요할 때 사용할 수가 없게 된다. 그래서 현명한 사람은 가계부를 쓴다.

하물며 가정에서도 이러한데, 기업의 경우는 어떠하겠는가? 기업 경영은 계획하는 데서 시작한다. 계획을 실행하려면 예산이 필요하다. 따라서 계획과 예산은 언제나 함께한다. 기업이 예산을 편성하지 않으면 수입과 지출을 관리하기 어렵다. 또한 예산을 편성함으로써 사후적으로 실적을 관리할 수 있다.
이에 기업의 활동은 예산을 편성하는 데서 시작하고 결산으로 마무리한다.

홍길동 분식점과 같은 신규 창업한 기업에서도 계획적인 경영활동을 하기 위해서는 예산제도를 활용할 필요가 있다. 지금부터는 예산의 개념과 종류, 그리고 종합예산을 편성하는 과정을 살펴본다.

2

예산제도

예산의 개념

예산은 경영활동을 위한 수입과 지출의 밑그림이다.

기업은 자신의 비전이나 사명을 달성하기 위한 기본전략에 따라 장기계획 또는 전략목표를 설정한 다음, 이에 기초하여 경영활동계획 즉 사업계획을 매년 수립한다. 이러한 계획수립은 경영활동의 출발점이다. 그러나 자금, 인력, 설비, 생산능력 등을 무한히 사용할 수는 없다. 이에 기업은 사용 가능한 제한된 자원을 효율적으로 사용하여 최대의 성과를 달성할 수 있도록 사업계획을 수립한다.

예산(budget)은 기업의 사업계획을 공식적으로 계량화하여

표현한 것이다. 다시 말해 기업의 경영활동은 예산이라는 제약 조건하에서 이루어진다. 사업계획은 제한된 자원을 가장 효율적으로 사용한다는 전제하에 수립되며, 예산은 사업계획의 실행을 뒷받침한다. 이에 계획과 예산은 동전의 양면처럼 항상 함께한다.

이러한 예산은 기업뿐만 아니라 정부 및 지자체, 비영리단체, 일반 사업자 등도 활용한다. 왜냐하면 정부 등도 사용할 수 있는 자원은 제한되어 있는 반면 그 자원을 사용할 곳은 많기 때문이다. 이에 제한된 자원을 가장 효율적으로 사용하기 위한 전략으로 예산제도를 활용하는 것이다.

예산의 기능

| 성과평가의 기능을 한다

예산은 사업계획을 회계적 수치로 나타낸 것이다. 예산은 사업계획의 수입과 지출에 대한 목표수치이며, 성과평가의 기준이 된다. 사업이 계획대로 잘 수행되었는지는 결국 회계적 수치에 의해 판단해야 하는데, 목표수치를 기준으로 성과를 평가하는 것이 보다 효과적일 수 있다. 예산은 사업목표를 회계수치로 공식적으로 명확하게 제시한다. 이러한 **회계수치로 표시된 사업목표는 사후적으로 사업성과를 평가할 수 있는 기준이 될 수 있다.**

이와 같이 예산을 성과평가 기준으로 사용함으로써 각 부문 경영자가 성과목표를 달성하고 자원을 효율적으로 사용토록 하는 동기를 부여할 수 있고, 성과평가의 효과성과 공정성을 기할 수 있다.

| 자원배분과 의사소통의 기능을 한다

예산편성 과정은 조직의 제한된 자원을 각 부문으로 배분하는 과정이라고 할 수 있다. 예산은 회계연도를 기준으로 편성한다. 본부(경영자)는 기업의 전략목표와 총 사용자원의 양,

예산편성 기준 및 방법 등을 정한 예산편성지침을 확정하여 각 부문에 통보하며, 각 부문은 본부의 예산편성지침에 따라 자신의 사업계획과 필요한 사업예산을 본부에 제출한다. 본부는 각 부문과 협의 및 조정 과정을 거쳐 부문별 예산과 기업 전체의 총예산을 확정한다.

이러한 예산편성 과정에서 부문 간 예산조정을 위한 수평적 의사소통이 이루어지고, 본부 경영자와 부문 경영자 간의 예산조정을 위한 수직적 의사소통이 이루어진다.

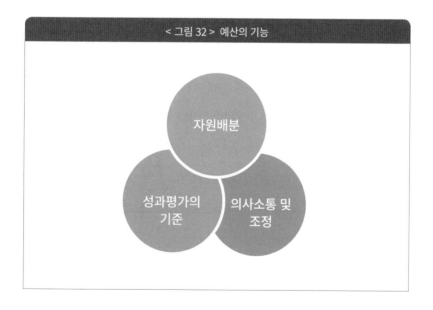

< 그림 32 > 예산의 기능

자원배분

성과평가의 기준

의사소통 및 조정

예산의 유형

예산은 그 활용목적 또는 편성방법 등에 따라 다양한 유형으로 분류할 수 있는데, 창업기업에서 예산편성을 할 때 도움이 될 수 있는 몇 가지 유형을 소개한다.

| 종합예산과 부문예산

예산편성 범위에 따라 종합예산(master budget)과 부문예산(department budget)으로 나눌 수 있다.

종합예산은 기업 전체를 대상으로 사업계획 실행을 위하여 편성한 예산을 말한다. 기업은 보통 장기전략을 고려하여 회계연도를 기준으로 종합예산을 편성한다.

또한 기업의 전략목표 달성을 위한 경영활동은 생산, 판매, 재무 등 여러 부문에서 수행한다. 이에 이러한 하위 부문에 대한 사업계획을 수립하고 이들 부문의 예산을 편성하게 되는데 **생산, 판매 등 기업의 하위부문을 대상으로 편성한 예산을 부문예산이라 한다.** 부문예산은 종합예산을 이루는 구성요소이다.

| 권위적 예산과 참여적 예산

예산을 누가 편성하는가, 즉 예산의 편성 주체에 따라 권위적 예산(authoritative budget)과 참여적 예산(participative budget)으로 구분한다.

권위적 예산은 본부 상위부서에서 예산을 편성하여 하위 부문으로 하달하는 하향식(top-down) 예산을 말한다. 본부 경영자의 의지와 사업전략을 예산에 충분히 반영할 수 있는 반면, 하위 부문의 공감대를 얻지 못해 예산이 효율적으로 집행되지 않을 수 있는 단점이 있다.

참여적 예산은 예산을 집행하는 하위 부문이 자신의 예산에 대해서는 본부 예산편성과정에 적극적으로 참여하여 예산을 편성하며, 상향식(bottom-up) 예산이다. 참여적 예산은 실제 예산을 집행하는 하위 부문의 참여 속에 편성되었으므로, 예산집행에 대한 책임감과 공감대를 높일 수 있는 장점이 있는 반면 예산편성이 하위 부문의 실행에 유리하도록 왜곡될 가능성이 있다.

| 증분예산과 영기준예산

예산을 편성하는 방식으로는 증분예산(incremental budget)과 영기준예산(zero-based budget)으로도 구분할 수 있다.

증분예산은 전년도의 예산이나 결산 자료에 기초하여 예산규모를 조정하는 방식으로 예산을 편성한다. 예산 편성규모를 조정할 때는 물가, 환율 등 거시환경과 산업동향이나 기업여건 등의 미시환경을 반영한다. 증분예산은 예산편성에 상대적으로 시간과 노력이 적게 소요된다는 장점이 있으나, 예산의 타당성을 확신할 수 없고 예산집행이 비효율적으로 이루어질 수 있는 문제점이 있다.

영기준예산은 모든 예산사업과 금액을 처음 시작하는 예산사업이라는 관점에서 사업의 타당성과 금액의 적정성을 검토하여, 인정되는 사업과 금액을 예산에 반영한다. 자원사용의 효율성을 높일 수 있으나, 예산편성에 많은 시간과 노력이 필요하다는 단점이 있다.

| 영업예산과 재무예산

종합예산(master budget)은 그 편성내용에 따라 영업예산(operating budget)과 재무예산(financial budget)으로 나눌 수 있다.

영업예산은 생산과 판매 등 영업활동과 관련된 예산으로, 매출예산, 생산예산, 제조원가예산 등이 영업예산에 속한다.

재무예산은 기업의 영업활동을 위한 자금의 조달과 투자에 대한 예산이다. 현금의 수급에 대한 현금예산과 부채 및 자본의 조달과 집행에 관한 자본예산이 있다.

종합예산의 편성

종합예산은 기업 전체를 대상으로 편성된 예산이다.

종합예산은 보통 각 부문이 본부의 예산편성지침에 따라 예산요구서를 작성하면, 본부에서 조정절차를 거쳐 최종적인 예산으로 확정하게 되는데, 모든 부문의 예산이 상호 연결되어 있다.

제조판매기업의 경영활동은 생산, 판매, 구매, 재무 등 다양한 하위 부문에서 이루어진다. 이에 종합예산은 이들 하위부문의 경영활동 계획을 대상으로 편성된다. 제조판매기업의 종합예산을 세부적으로 살펴보면, 편성되는 내용에 따라 판매예산, 생산량예산, 제조원가예산, 매출원가예산, 판매관리비예산, 예상손익계산서, 예상현금흐름표, 자본예산, 예산재무상태표 등으로 구성된다. 이러한 종합예산은 다음과 같은 과정을 거쳐 편성된다.

| 판매예산

영업예산인 판매예산을 가장 먼저 편성한다. 왜냐하면 다른 영업예산이 판매예산을 기준으로 편성되기 때문이다. 따라서 **판매예산은 제조판매 기업의 영업예산 편성의 출발점이자 기**

준이 되는 예산이다.

판매예산은 시장수요와 제품가격, 마케팅활동 등을 고려하여 판매량을 예측하고 이를 기준으로 편성한다. 다시 말해 판매예산은 목표 판매량에 예상 판매가격을 곱한 금액으로 편성한다.

판매예산 = 목표 판매량 x 예상 판매가격

| 생산량예산

판매예산이 편성되면 이를 근거로 생산량예산을 편성한다. **목표 생산량은 목표 판매량에 예상 재고량의 증감액(기말-기초)을 고려하여 결정한다.** 목표 재고량은 기업의 재고정책을 반영하여 결정한다.

목표 생산량 = 목표 판매량 + (목표 기말재고량 - 예상 기초재고량)

| 제조원가예산

생산량예산이 결정되면 이를 생산하기 위한 제조원가예산을 편성하여야 한다. 제품 생산을 위한 제조원가예산은 직접재료원가, 직접노무원가, 제조간접원가에 대해 각각 구분하여 편성한다.

직접재료원가예산을 편성하기 위해서는 먼저, 예상 생산량 생산을 위한 재료의 사용계획량을 계산하고 직접 재료의 구입 가격을 예상하여야한다. 직접재료원가 예산은 직접재료 사용 계획량에 예상 구입가격을 곱한 금액으로 편성한다.

직접재료원가예산이 편성되면 이를 근거로 직접재료구입예산을 별도 편성하여야 한다. 직접재료구입예산은 직접재료구입계획량에 예상 구입가격을 곱한 금액으로 편성한다. 직접재료구입계획량은 직접재료의 사용계획량에 재고증감량(목표 기말재고량 – 예상 기초재고량)을 가감하여 계산한다.

직접재료원가예산 = 직접재료 사용계획량 x 단위당 예상 가격
직접재료사용계획량 = 목표 생산량 x 단위당 사용량
직접재료구입예산 = 직접재료구입계획량 X 단위당 예상 가격
직접재료구입계획량 = 사용계획량 + (목표 기말재고량 - 예상 기초재고량)

직접노무원가예산은 제품 생산량예산, 제품 1개를 생산하는 데 소요되는 노무시간, 그리고 노무시간당 임률을 추정하여 편성한다. 제품 단위당 직접노무시간은 제품사양 및 과거 생산실적 등을 반영하여 계산하며, 노무시간당 임률은 노동시장 여건 변화 등을 감안하여 추정한다.

> **직접노무원가예산** = 직접노무시간 x 시간당 임률
>
> **직접노무시간** = 생산량예산 x 제품 단위당 직접노무시간

제조간접원가예산은 변동원가와 고정원가로 구분하여 예산을 편성한다. **변동제조간접원가예산은 제품 단위당 변동제조간접원가배부율을 추정하여 편성한다.**

> **변동제조간접원가예산** = 생산량예산 x 제품 단위당 변동제조간접원가배부율

고정제조간접원가는 연간 빌생하는 금액이 고정되어 있다. 이에 **고정제조간접원가예산은 연간 발생할 고정제조간접원가 총액을 추정하여 편성한다.**

| 매출원가예산 등

제조원가예산이 편성되면 판매예산, 생산량예산, 기말재고예산을 반영하여 매출원가예산을 편성한다. 매출원가예산을 편성함으로써 예상매출총이익을 추정할 수 있다.

생산된 제품의 판매와 관련된 판매비예산을 편성한다. 그리

고 기업 운영 등과 관련된 일반관리비 예산을 편성한다. 판매
관리비예산을 편성하여 반영하면 예상영업이익을 알 수 있다.

이와 같이 판매예산에서 출발하여 판매관리비예산까지를 편
성한 다음, 이들 예산을 예산손익계산서에 반영함으로써 영업
예산의 편성은 완성된다.

| 재무예산

영업예산이 편성되면 이를 근거로 재무예산을 편성한다. 예
산손익계산서의 내용을 근거로 예산현금흐름표를 작성하고 현
금예산과 자본예산을 편성한다.

현금예산은 기업의 현금 수입액과 지출액에 대한 예산이다.
영업활동 과정에서 현금이 유입되고 유출되는데, 영업예산의
현금유출입 시기를 정확히 현금예산에 반영하여 현금부족과
불필요한 유휴 자금이 발생하지 않도록 하는 것은 매우 중요하
다. 영업활동에서 아무리 많은 이익이 발생하더라도 현금이 부
족하게 될 경우 정상적인 영업활동이 이루어지지 못할 뿐 아니
라 자금부족으로 큰 곤란을 겪을 수 있기 때문이다.

기업의 투자활동 등을 고려하여 자본예산도 편성한다. 이러
한 내용을 예산재무상태표에 모두 반영함으로써 재무예산도
편성이 완결된다.

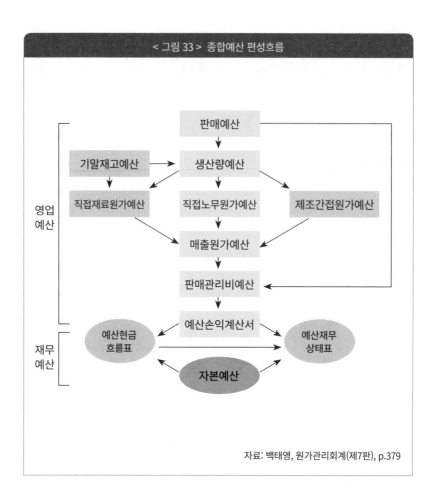

< 그림 33 > 종합예산 편성흐름

판매예산

기말재고예산 → 생산량예산

직접재료원가예산   직접노무원가예산   제조간접원가예산

매출원가예산

판매관리비예산

예산손익계산서

영업
예산

예산현금
흐름표   예산재무
상태표

자본예산

재무
예산

자료: 백태영, 원가관리회계(제7판), p.379

216

홍길동 분식점 사례

홍길동 분식점은 보다 계획적으로 분식점 운영을 위해 20x5년부터 예산을 편성하기로 하였다. 20x3년 분식점을 처음 운영할 때와 달라진 점은 다음과 같다.

> • 판매하는 메뉴에 김밥을 추가하였음
>
> • 무인주문시스템 설치 : 설치비 5,000만 원(5년 상각),
>   시스템 운영관리비 월 10만 원
>
> • 김밥 재료보관용 냉장고 구입 : 구입가격 600만 원(5년 상각)

홍길동 분식점의 20x5년의 종합예산을 편성해 보자.

1) 판매예산(판매량예산)

홍길동 분식점은 그동안 매출 실적을 감안하여 20x5년 각 메뉴별 판매가격과 판매량을 다음과 같이 예상하였다. 요식업의 특성상 판매예산은 판매량예산과 함께 편성한다.

라면 예상판매량 일 110인분, 판매가격 4,500원
떡볶이 예상판매량 일 60인분, 판매가격 4,000원
김밥 예상판매량 일 60인분, 판매가격 4,000원

이와 같은 예상판매량을 근거로 판매예산을 다음과 같이 편성한다.

→ 판매예산 편성내용을 보면 연간 판매수입은 3억 420만 원이다.
라면에서 3만 4,320인분을 판매하여 1억 5,444만 원의 판매수입을, 떡볶이와 김밥에서 각각 1만 8,720인분을 판매하여 7,488만 원의 판매수입을 편성하였다.

판매예산 (20x5년)

		라면	떡볶이	김밥	합계
예상판매량 (인분)	일	110	60	60	
	주	660	360	360	
	연간	34,320	18,720	18,720	
판매가격(원)		4,500	4,000	4,000	
판매예산(만원)		15,444	7,488	7,488	30,420

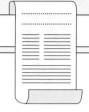

2) 요리원가예산 및 판매관리비 예산

편성된 판매예산을 근거로 라면, 떡볶이, 김밥에 대한 요리원가예산을 각각 편성한다.

2-1) 재료원가예산

요리재료는 매주 1주일 사용량을 구입하여 신선도를 유지하고 있다.* 이에 재료
원가예산은 1주 예산과 연간 예산 2가지를 편성한다.

→ 홍길동 분식점의 총 재료원가예산으로 편성한 금액은 1주 158만 원, 연간
8,236만 원이다. 요리별 재료원가예산을 보면 라면이 연간 4,118만 원이고 떡
볶이는 연간 1,872만 원, 김밥은 연간 2,246만 원이다.

재료원가예산 (20x5년)

		라면	떡볶이	김밥	합계
예상판매량 (인분)	1일	110	60	60	
	1주	660	360	360	
	연간	34,320	18,720	18,720	
재료가격(1인분, 원)		1,200	1,000	1,200	
재료원가예산 (만원)	1주	79	36	43	158
	연간	4,118	1,872	2,246	8,236

* 이에 재료구입예산은 별도 편성 하지 않고 재료원가예산으로 갈음한다.

> 라면

라면 요리에는 생라면, 생수, 달걀 및 부재료가 재료로 사용된다.

- 주재료의 사용량예산은 생라면과 달걀의 경우 각각 1주에 660개, 연간 3만 4,320개를, 생수는 1주에 330L, 연간 1만 7,160L를 편성하였다.
- 재료원가예산은 각 재료의 사용량예산에 예상 가격을 곱하여 1주에 79만 원, 연간 4,118만 원을 편성하였다.

라면 재료원가예산 (20x5년)

		생라면	생수	달걀	부재료	합계
판매량예산		일 110인분, 주 660인분, 연간 34,320인분				
재료 사용량	1인분	1개	0.5L	1개	약간	
	1주	660개	330L	660개	약간	
	연간	34,320개	17,160L	34,320개	약간	
재료가격(1인분, 원)		550	250	300	100	1,200
재료원가예산 (만원)	1주	36	17	20	7	79
	연간	1,888	858	1,030	343	4,118

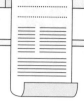

떡볶이

떡볶이 요리에는 어묵, 가래떡 그리고 부재료가 재료로 사용된다.

- 주재료의 사용량예산은 어묵의 경우 1주 72kg, 연간 3,744kg이며, 가래떡은 1주 54kg, 연간 2,808kg을 편성하였다.

- 재료원가예산은 각 재료의 사용량예산에 예상 가격을 곱하여 산정하였다. 1주에 36만 원, 연간 1,872만 원을 편성하였다.

떡볶이 재료원가예산 (20x5년)

		어묵	가래떡	부재료	합계
판매량예산		일 60인분, 주 360인분, 연간 18,720인분			
재료 사용량	1인분	200g	150g	약간	
	1주	72kg	54kg	약간	
	연간	3,744kg	2,808kg	약간	
재료가격(1인분, 원)		550	250	200	1,000
재료원가예산 (만원)	1주	20	9	7	36
	연간	1,030	468	374	1,872

김밥

김밥을 만들 때는 쌀, 김, 그리고 부재료가 사용된다.

- 주재료의 사용량예산을 보면, 쌀이 1주 108kg, 연간 5,616kg이며, 김은 1주 360장, 연간 1만 8,720장을 편성하였다.

- 재료원가예산은 각 재료의 사용량예산에 예상 가격을 곱하여 산정하였다. 1주에 43만 원, 연간 2,246만 원을 편성하였다.

김밥 재료원가예산(20x5년)

		쌀	김	부재료	합계
판매량예산		일 60인분, 주 360인분, 연간 18,720인분			
재료 사용량	1인분	300g	1장	약간	
	1주	108kg	360장	약간	
	연간	5,616kg	18,720장	약간	
재료가격(1인분, 원)		700	100	400	1,200
재료원가예산 (만원)	1주	25	4	14	43
	연간	1,310	187	749	2,246

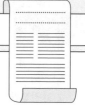

2-2) 노무원가예산

홍길동 분식점은 주방에서 2명(홍길동, 보조요리사 1명)이 요리를 담당하며, 매장에서 2명(직원 1명, 아르바이트생 1명)이 손님을 응대한다고 가정하자. 그리고 인건비 상승으로 홍길동은 월 400만 원, 직원 2명은 각각 350만 원, 아르바이트생은 시간당 1.1만 원을 지급하는 것으로 한다.

→ 홍길동 분식점의 노무원가예산으로 월 1,272만 원, 연간 1억 5,259만 원을 편성하였다.

- 요리원가로 반영되는 주방의 노무원가는 월 750만 원, 연 9,000만 원이다.
- 판매관리비에 반영되는 매장의 노무원가는 월 522만 원, 연 6,259만 원이다.

노무원가예산(20x5년)

(단위: 만원)

	주방		매장		합계	
	월	연간	월	연간	월	연간
홍길동	400	4,800	-	-	400	4,800
보조요리사	350	4,200	-	-	350	4,200
매장관리직원	-	-	350	4,200	350	4,200
매장 아르바이트생	-	-	172	2,059	172	2,059
합 계	750	9,000	522	6,259	1,272	15,259

2-3) 간접원가예산

홍길동은 분식점을 20x4년말에 보증금 5천만 원, 월세 200만 원으로 재계약하였다. 또한 무인주문시스템(설치비 5,000만 원, 유지관리비 월 10만 원)을 도입하고, 김밥용 냉장고(600만 원)를 비치하였다. 가스료 등의 인상분과 주방 요리기구 등의 가격 상승분도 반영할 필요가 있다. 이러한 가정하에서 20x5년의 요리간접원가예산을 편성해 보자.

→ 홍길동 분식점의 간접원가예산은 요리경비에 해당하는 예산과 판매관리비에 해당하는 예산이므로, 이를 일괄해서 편성하였다. 간접원가예산의 편성액은 월 429만 원, 연간 5,150만 원이다. 이 중 현금지출이 발생하는 간접원가예산은 월 288만 원, 연간 3,450만 원이다.

- 요리경비예산은 월 174만 원, 연간 2,090만 원을 편성하였다.
- 판매관리비예산은 월 255만 원, 연 3,060만 원을 편성하였다.

간접원가예산 (20x5년)

(단위: 만원)

	주방		매장		합계	
	월	연간	월	연간	월	연간
점포 임차관련						
· 월세	67	800	133	1,600	200	2,400
· 보증금(은행이자)	4	50	8	100	13	150
· 보증금(기회원가)	2	20	3	40	5	60
주방 전기가스료 등	60	720	-	-	60	720
무인시스템 운영관리비	-	-	10	120	10	120
감가상각비						
· 무인주문시스템	-	-	83	1,000	83	1,000
· 인테리어	17	200	17	200	33	400
· 주방 설비(냉장고 등)	20	240	-	-	20	240
주방요리기구 등	5	60	-	-	5	60
합 계	174	2,090	255	3,060	429	5,150
(현금지출예산)	136	1,630	152	1,820	288	3,450

적색 표시는 현금지출이 발생하지 않는다.

2-4) 요리원가예산과 판매관리비예산(종합)

홍길동 분식점은 20x5년 요리원가예산으로 총 1억 9,326만 원을 편성하고, 판매관리비예산으로 9,319만 원을 편성하였다.

→ 전체 예산편성규모는 연 2억 8,645만으로, 이중 현금지출이 따르는 예산규모는 연 2억 6,945만 원이다.

간접원가예산 (20x5년)

(단위: 만원)

	요리원가예산		판매관리비예산		합계	
	월	연간	월	연간	월	연간
재료원가예산	686	8,236	-	-	686	8,236
노무원가예산	750	9,000	522	6,259	1,272	15,259
제조간접원가예산	174	2,090	255	3,060	429	5,150
(현금지출예산)	136	1,630	152	1,820	288	3,450
합 계	1,610	19,326	777	9,319	2,387	28,645
(현금지출예산)	1,572	18,866	673	8,079	2,246	26,945

3) 요약 손익계산서

지금까지 편성한 20x5년의 예산자료를 근거로 20x5년의 요약 손익계산서를 작성하였다. 홍길동 분식점의 20x5년 총매출액은 3억 420만 원으로, 요리원가 및 판매관리비를 차감한 영업이익은 1,775만 원으로 예상된다.

요약손익계산서 (20x5년)

(단위: 만원)

	금 액	비 고
매출액	30,420	
매출원가(요리원가)	19,326	
매출총이익	11,094	
판매관리비	9,319	
영업이익	1,775	

CONTENTS

1

창업 전 반드시 고려해야 할 7가지

2

정부의 창업지원사업과
창업기업에 대한 실태조사 결과(요약)

요리사업가 백종원 씨는 유튜브를 통해 창업 초보자들에게 "창업 전 반드시 고려해야 하는 7가지"를 충고하고 있는데, 그 충고 내용을 요약하면 다음과 같다.

(url : https://www.youtube.com/watch?v=1iu5XW9Fm6s&t=28s)

1. 음식점 사장은 일단 먹는 것을 좋아해야 한다

- 음식을 싫어한다면 식당을 차려서는 안 된다.
- 요리는 할 줄 몰라도 먹기를 좋아해야 하고, 그 음식을 먹어보면 문제점과 장점 등을 찾아낼 수 있는 분석력은 있어야 한다.

2. 내 가게에 와준 손님에 대해 한결같은 고마움을 느낄 줄 알아야
한다

- 언제나 웃는 얼굴로 일관성 있게 인사를 한다.
- 친절은 과분하지 않아야 한다.

3. 학벌/자격증은 결코 우선순위가 아니다

- 음식에 대한 관심과 공부는 필요하다.
- 학벌이나 자격증보다 실전 경험이 더 중요하다.

4. 창업은 실전 경험을 충분히 쌓은 후에 하라

- 음식 맛은 자신이 아니라 손님이 판단하고 상황, 날씨, 손
  님의 기분에 따라서도 달라질 수 있다.
- 요리뿐만 아니라 서빙, 설거지 등 사소한 것에도 노하우가
  필요하다.
- 자신이 식당 운영에 맞는지 경험으로 확인하라.

5. 메뉴는 너무 새로운 것을 해서는 안 된다

- 새로운 것을 해서 성공하기는 너무 어렵고 힘들다.
- 자신이 좋아하는 음식에 대한 불만 사항이나 원하는 생각
  등에 대한 아이디어를 행동으로 옮기는 것이 가장 빠른 성
  공의 길이다.

6. 음식 만드는 과정을 '표준화'하라

- 요리의 표준화는 맛의 일관성, 높은 실 유지, 인건비 절감, 요리시간 단축 등 많은 이점이 있다.
- 식당 운영에 대해서도 표준화가 필요하다.

7. 식당을 열고서는 인내심을 가져라

- 식당 운영은 머리가 아니라 몸으로 느껴야 한다.
- 식당 성공은 하루아침에 이루어지지 않는다. 따라서 의욕이 너무 앞서면 쉽게 포기하게 된다.
- 식당 운영은 맛과의 싸움에 앞서 자신과의 싸움에서 이겨야 성공한다.

참 고 자 료
바 로 보 기

2
정부의 창업지원사업과 창업기업에 대한 실태조사 결과(요약)

우리나라에서는 매년 140만 개 이상의 기업이 신규 창업하고 있다. 중소기업은 고용과 생산의 측면에서 국가 경제에 상당한 기여를 하고 있다. 또한 중소기업은 빠르게 변화하는 환경에서 신속하게 대응할 수 있어 국가 경제의 유연성과 대응력을 강화해 주며, 향후 중견기업, 대기업으로 성장하여 국가 경제를 이끌어갈 무한한 잠재력을 가지고 있다.

이에 정부는 중소기업 육성 정책의 일환으로 창업 및 창업준비기업에 대한 다양한 지원정책을 펼치고 있다. 이러한 정부의 창업기업에 대한 지원제도와 창업기업에 대한 실태조사 결과를 간략히 소개한다.

1. 정부의 창업지원사업

기업의 신규 창업은 국가 경제에 상당한 기여를 하고 있다. 정부와 지자체 등이 스타트업 기업이 중견기업으로 성장할 수 있도록 지원 노력을 강화하고 있다. 이러한 노력의 일환으로 중소벤처기업부는 매년 초에 창업자 및 예비창업자가 국내 창업지원사업 정보를 알기 쉽게 접할 수 있도록 중앙부처와 지자체의 창업지원사업을 통합 공고하고 있다. 중소벤처기업부가 2022년 통합 공고한 창업지원사업의 주요 내용을 간략히 정리하면 다음과 같다.

2022년의 지원대상기관은 94개, 지원대상 사업은 378개에 이르며, 예산규모는 3조 6,668억 원이다.

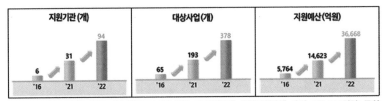

* '22년 : 기초지자체 사업(63개 기관, 126개 사업, 205억원)과 융자사업(5개 사업, 2조 220억원) 포함

기관별 지원 계획을 보면 중앙부처는 100개 사업에서 3조 5,578억 원을 지원하여 사업 수로는 전체의 26.5%이나 금액은 전체의 97.0%를 차지한다. 지자체는 278개 사업에서 1,090억 원을 지원할 계획이다.

'22년 기관별 통합공고 예산

(단위 : 개, 억원, %)

구분	중앙부처					지자체 (광역, 기초 합산)				
	기관	사업수	비율	예산	비율	기관	사업수	비율	예산	비율
기관별	중기부	45	11.9	33,131.2	90.4	경기도	49	13.0	204.1	0.6
	문체부	14	3.7	626.8	1.7	서울시	34	9.0	142.3	0.4
	과기부	9	2.4	533.7	1.5	전남도	13	3.4	108.3	0.3
	고용부	1	0.3	318.8	0.9	대전시	11	2.9	83.2	0.2
	농림부	8	2.1	202.1	0.6	제주도	23	6.1	64.1	0.2
	산림청	2	0.5	182.0	0.5	울산시	12	3.2	55.9	0.2
	환경부	3	0.8	159.8	0.4	경북도	15	4.0	54.7	0.1
	특허청	4	1.1	153.2	0.4	인천시	17	4.5	54.0	0.1
	해수부	4	1.1	120.9	0.3	부산시	16	4.2	51.9	0.1
						대구시	12	3.2	51.7	0.1
	교육부	2	0.5	58.9	0.2	광주시	6	1.6	51.2	0.1
	복지부	3	0.8	45.7	0.1	충북도	11	2.9	48.6	0.1
	농진청	1	0.3	36.0	0.1	강원도	13	3.4	38.4	0.1
	법무부	1	0.3	8.4	0.0	경남도	22	5.8	29.6	0.1
						전북도	8	2.1	25.6	0.1
	국토부	3	0.8	0.8	0.0	충남도	8	2.1	18.7	0.1
						세종시	8	2.1	7.8	0.0
소계	14	100	26.5	35,578	97.0	광역 : 17 기초 : 63	278	73.5	1,090	3.0
94개 기관, 378개 사업, 3조 6,668억원										

지원사업의 유형을 보면 융자가 2조 220억 원으로 전체 지원금의 55.1%를 차지하며, 사업화, 기술개발, 시설 및 교육, 창업 등에도 상당한 지원이 이루어지고 있다.

사업유형별 통합공고 현황

(단위 : 억원, 개, %)

구분	사업화	기술개발	시설보육	창업교육	멘토링	행사	융자	합계
예산	9,132	4,639	1,549	569	272	288	20,220	36,668
비율	24.9	12.6	4.2	1.6	0.7	0.8	55.1	100.0
사업수	172	6	96	30	32	37	5	378
비율	45.5	1.6	25.4	7.9	8.5	9.8	1.3	100.0

정부 및 지자체 등의 지원을 받고자 할 경우 K-startup 포털(k-startup.go.kr) 및 각 기관 홈페이지 등을 통해 사업별 별도 공고예정으로, 신청자격 등을 확인하여 개별 신청하면 된다.

2. 창업기업 현황과 실태조사 결과

중소벤처기업부가 전국 모든 산업의 7년 이내 창업기업을 대상으로 조사한 영업현황 및 애로 사항 등에 대한 "2020 창업기업 실태조사" 결과*의 주요 내용을 간략히 정리하면 다음과 같다.

2018년 기준 창업한 약 180만 개 기업의 총매출액은 749조 원으로 창업기업 1개당 평균 매출액은 4억 원 수준이다. 총 고

---

* 중소벤처기업부는 매년 사업 개시 7년 이내 창업기업 현황 및 특성을 조사히여 발표하고 있다.

용인원은 약 304만 명으로 1개 기업당 고용인원은 1.62명이다.

창업동기를 보면 과반수 이상이 더 큰 경제적 수입을 위해서 창업을 하고 있다. 그러나 그다음 순서의 창업동기가 자신의 적성과 국가경제 및 사회 발전에 이바지하고자 하는 것이어서 단순히 경제적 목적으로만 창업을 하지 않는다는 점을 알 수 있다.

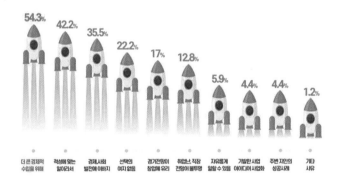

창업동기 '더 큰 경제적 수입을 위하여' 54.3%, '적성에 맞는 일이기 때문에' 42.2%, '경제/사회 발전에 이바지' 35.5% 순

54.3%	42.2%	35.5%	22.2%	17%	12.8%	5.9%	4.4%	4.4%	1.2%
더 큰 경제적 수입을 위해	적성에 맞는 일이라서	경제·사회 발전에 이바지	선택의 여지 없음	경기전망이 창업에 유리	취업난 직장 전망이 불투명	자유롭게 일할 수 있음	기발한 사업 아이디어 사업화	주변 지인의 성공사례	기타 사유

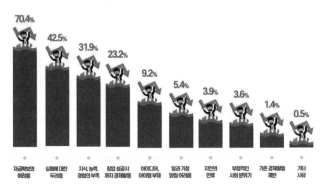

창업 장애요인 자금확보 70.4%, 실패에 대한 두려움 42.5%, 창업 지식·능력·경험 부족 31.9%, 창업까지 생계유지 23.2% 순

70.4%	42.5%	31.9%	23.2%	9.2%	5.4%	3.9%	3.6%	1.4%	0.5%
자금확보의 어려움	실패에 대한 두려움	지식 능력, 경험의 부족	창업 성공시 까지 경제활동	아이디어, 아이템 부재	일과 가정 양립 어려움	지인의 만류	부정적인 사회 분위기	기존 경제활동 제한	기타 사유

창업의 장애요인에 대한 조사 결과를 보면 자금확보의 어려움이 압도적으로 높은 것으로 나타났으나, 실패에 대한 두려움과 지식, 능력 및 경험의 부족도 상당히 많은 기업에서 장애요인으로 언급하였다.

"용기 있는 당신의 창업을 응원합니다!"

권선복 | 도서출판 행복에너지 대표이사

최근 코로나19 장기화로 인해 고용시장이 위축되며 미래 불확실성이 커지고 있는 가운데 청년층을 중심으로 취업보다는 창업에 도전하는 사례가 늘고 있다. 대학생과 직장인 955명을 대상으로 '창업 의향'에 대해 설문조사 결과, 10명 중 8명은 창업에 도전할 의지가 있는 것으로 나타났을 정도다.

그러나 창업의 현실은 그리 녹록하지 않다. 중기부 통계에 따르면 국내 신규 사업체의 5년 이상 생존율은 30%가 채 안 된다. 더욱이 2020년 기준 2030세대 창업 기업은 49만8,226개, 2030세대 폐업 기업은 24만1,631개였다. 2030세대가 2곳을 창업하면 1곳은 폐업한 셈이다.

그렇다면 누구나 도전할 순 있어도 아무나 살아남을 순 없는 청년 창업의 성공 열쇠는 무엇일까? 바로 '원가관리'이다.

　한마디로 사업의 수익성을 계산하는 것이다. 원가관리는 아무리 강조해도 지나침이 없다. 특히 요즘과 같이 최악의 경기 상황에서는 원가절감 및 비용 절감을 위해서라도 원가관리를 제대로 할 수 있어야 한다. 그래야 이익을 높일 수 있기 때문이다.

　이 책『청년 창업자를 위한 알기 쉬운 원가관리』는 제목에서 알 수 있듯, 청년 창업자들은 물론 모든 신규 창업자들이 창업 과정과 창업 이후 반드시 알아 두어야 하는 원가계산, 원가관리 및 원가정보의 활용방법 등을 전문적 지식이 없어도 누구나 쉽게 이해할 수 있도록 설명하고 있다.

　공감하기 어려운 외국 사례나 경영 이론을 설명하는 대신, 신규 창업자 홍길동의 사례를 들어 실제로 요식업 창업 과정에서 마주치는 어려움을 어떻게 해결할 수 있는지를 살펴봄으로써, 신규 창업자가 사업계획 수립과 경영의사결정 방법 등을 자연스럽게 알 수 있도록 했다.

　또한 창업 이후의 사업 운영과 사업 확장 또는 축소 등과 같은 의사결정을 올바로 하는 데 도움이 되는 내용을 담고 있다. 이 책이 기존의 책들과 차별화되는 이유이다.

아마존 창업자 제프 베조스는 "자기 사업에 대해 세세한 부분까지 알지 못한다면 실패할 것이다"라고 말했다. 원가관리를 제대로 이해하고 제대로 하는 것부터 창업 성공의 첫발을 내딛는 것이다.

청년 창업자는 물론이고 창업하여 성공을 꿈꾸는 사람이라면 누구나, 그들의 도전에 힘을 실어주기 위해 어느 한 페이지도 허투루 쓰지 않은 저자의 노력이 배어 있는 이 책을 통해, 원가관리의 중요성을 깨달아 성공에 한 발 성큼 다가갈 수 있으리라 믿는다. 동시에 본문에 나오는 사례에 창업자의 경험과 지혜를 더한다면 보다 확실한 자신만의 창업 성공 신화를 써내려갈 수 있을 것이라 확신한다.

물가는 치솟고 어려운 경제 상황 속에서도 자신의 꿈을 향해 걸음을 내디딘 모든 창업인에게 힘찬 응원의 박수를 보내며, 이 책을 읽는 독자 여러분에게도 행복과 긍정 에너지가 팡팡팡 샘솟기를 기원 드린다.